A CONTRATAÇÃO DIRETA DO ADVOGADO PELOS MUNICÍPIOS E O PRINCÍPIO FEDERATIVO

Reinaldo Belli de Souza Alves Costa

A CONTRATAÇÃO DIRETA DO ADVOGADO PELOS MUNICÍPIOS E O PRINCÍPIO FEDERATIVO

Copyright © 2019 by Editora Letramento
Copyright © 2019 by Reinaldo Belli de Souza Alves Costa

Diretor Editorial | **Gustavo Abreu**
Diretor Administrativo | **Júnior Gaudereto**
Diretor Financeiro | **Cláudio Macedo**
Logística | **Vinícius Santiago**
Assistente Editorial | **Laura Brand**
Capa | **Wellinton Lenzi**
Projeto Gráfico e Diagramação | **Luís Otávio**

Conselho Editorial | Alessandra Mara de Freitas Silva; Alexandre Morais da Rosa; Bruno Miragem; Carlos María Cárcova; Cássio Augusto de Barros Brant; Cristian Kiefer da Silva; Cristiane Dupret; Edson Nakata Jr; Georges Abboud; Henderson Fürst; Henrique Garbellini Carnio; Henrique Júdice Magalhães; Leonardo Isaac Yarochewsky; Lucas Moraes Martins; Luiz Fernando do Vale de Almeida Guilherme; Nuno Miguel Branco de Sá Viana Rebelo; Renata de Lima Rodrigues; Rubens Casara; Salah H. Khaled Jr; Willis Santiago Guerra Filho.

Todos os direitos reservados.
Não é permitida a reprodução desta obra sem aprovação do Grupo Editorial Letramento.

Dados Internacionais de Catalogação na Publicação (CIP) de acordo com ISBD

C837c   Costa, Reinaldo Belli de Souza Alves

A Contratação Direta do Advogado pelos municípios e o princípio federativo / Reinaldo Belli de Souza Alves Costa. - Belo Horizonte : Letramento ; Casa do Direito, 2019.
150 p. ; 14cm x 21cm.

ISBN: 978-85-9530-195-5

1. Direito. 2. Advogado. 3. Contratação. I. Título.

2019-171
CDD 340
CDU 34

Elaborado por Vagner Rodolfo da Silva - CRB-8/9410

Índice para catálogo sistemático:
1. Direito 340
2. Direito 34

Belo Horizonte - MG
Rua Magnólia, 1086
Bairro Caiçara
CEP 30770-020
Fone 31 3327-5771
contato@editoraletramento.com.br
grupoeditorialletramento.com
casadodireito.com

Casa do Direito é o selo jurídico do Grupo Editorial Letramento

Ao meu querido avô Odilon Pereira de Souza, este meu grande amigo cujos exemplos sempre me guiarão. Com infinitas saudades.

AGRADECIMENTOS

Este trabalho soma minhas experiências práticas e acadêmicas. Por isso mesmo, inicio agradecendo a toda a minha família, nas pessoas dos meus queridos pais, Reinaldo Alves Costa Neto e Adrianna Belli Pereira de Souza, de meus irmãos, Anna Luiza e Pedro, meus avós, Therezinha de Maria Martins Alves Costa, Haydée Belli de Souza e Odilon Pereira de Souza.

Especialmente, agradeço à inspiração dos juristas da família, nas pessoas do pai de minha avó paterna, o Dr. João Martins de Oliveira, de minha mãe Adrianna e de meu avô Odilon. Sou muito grato pela oportunidade que a vida me concedeu de ter trabalhado durante seis anos com meu avô Odilon, desde antes do primeiro período da faculdade, com tão ricas experiências sobre o exercício digno da Advocacia. Minha mãe, mulher de extraordinária capacidade de trabalho que concilia resolutividade e ternura, é também minha escola, de vida e de Advocacia.

Esta monografia é um trabalho forjado nas aulas da Vetusta Casa de Afonso Pena. Por isso mesmo, registro minha imensa gratidão a todos os professores que deram à minha turma o privilégio das aulas, tão ricas e provocativas. Em especial, agradeço ao meu professor orientador de Monitoria durante o ano de 2017, Dr. Flávio Couto Bernardes, que tanto me estimulou o aprofundamento acadêmico na seara do Direito Financeiro. Ao professor e presidente do Instituto dos Advogados de Minas Gerais, Dr. Felipe Martins Pinto, o agradecimento especial por sua consideração e sua competência no magistério do direito Processual Penal. Igualmente, as Professoras Dra. Maria Coeli Simões Pires e Dra. Cristiana Fortini, cujas aulas de Direito Administrativo me motivaram a iniciar a produção científica, rendendo-me gratas oportunidades. À professora Misabel Abreu Machado Derzi, em cuja obra fundamento este trabalho, agradeço pela imensa vocação para o magistério, com simplicidade e sabedoria que nos encantam a todos. O Professor Onofre Alves Batista Júnior, que me deu a honra de prefaciar este texto, cujas aulas de graduação e pós-graduação tanto representaram em minha vida acadêmica, política e profissional, meu reconhecimento por seu brilhantismo e dedicação que o credenciam para figurar dentre os cientistas do Direito mais qualificados da República. Agradeço ao Professor orientador deste trabalho, Florivaldo Dutra de Araújo, exemplo de dedicação e competência que me apresentou verdadeiramente ao mundo acadêmico, e fez com que este trabalho fosse possível, com longas e detalhadas reuniões a respeito do tema, que tanto me ajudaram. Por fim, registro minha gratidão pela deferência despendida pelo Eminente Desembargador Geraldo Augusto, ex-presidente do Tribunal de Justiça de nosso Estado, em apresentar o texto, o que fez certamente de modo muito generoso. A análise de Sua Excelência a respeito do tema aqui tratado enobrece esta obra, tendo em vista se tratar de um dos mais respeitados, cultos e preparados magistrados em exercício em Minas e no Brasil.

SUMÁRIO

PREFÁCIO   15

APRESENTAÇÃO   21

1. INTRODUÇÃO   27

2. PRESSUPOSTOS CONCEITUAIS E HERMENÊUTICOS   31

    2.1. MORAL, DIREITO, CIÊNCIA DO DIREITO E A RAZÃO DA INTERPRETAÇÃO JURÍDICA   33

    2.2. A INAPTIDÃO DA TÓPICA JURÍDICA   36

    2.3. A INAPTIDÃO DA JURISPRUDÊNCIA DOS CONCEITOS   38

    2.4. A INSUFICIÊNCIA DA TEORIA PURA DO DIREITO, DE HANS KELSEN   40

    2.5. O SISTEMA JURÍDICO NA VISÃO DE CLAUS-WILHELM CANARIS   42

    2.6. O MÉTODO DE INTERPRETAÇÃO TELEOLÓGICO DE KARL LARENZ E SUA COMPATIBILIDADE COM O CONCEITO DE SISTEMA DE CANARIS   46

    2.7. OS PRINCÍPIOS JURÍDICOS E SUA INFLUÊNCIA NO PROCESSO INTERPRETATIVO DO DIREITO   48

    2.8. INTERPRETAÇÃO E APLICAÇÃO DO DIREITO ADMINISTRATIVO   52

3.	**TERMOS PLURISSIGNIFICATIVOS, INTERPRETAÇÃO E DISCRICIONARIEDADE**	**55**
3.1.	A DOUTRINA TRADICIONAL A RESPEITO DO TEMA NO BRASIL E NO EXTERIOR	57
3.1.1.	A discricionariedade tradicional	58
3.1.2.	A discricionariedade potencial e o caso concreto	60
3.1.3.	A margem de livre apreciação	63
3.1.4.	A aplicação dos termos plurissignificativos como ato de interpretação do Direito que com base nele deve ser motivado	65
3.2.	OS "CONCEITOS JURÍDICOS INDETERMINADOS" PODEM SER CONCEITOS CLASSIFICATÓRIOS OU TIPOS. A FORMA DE RACIOCINAR POR TIPOS	67
3.2.1.	O raciocínio por conceitos classificatórios fechados, a subsunção e as forças imóveis do modelo sistêmico de CANARIS	69
3.2.2.	O raciocínio por tipos jurídicos e as forças móveis do modelo sistêmico de CANARIS	72
3.2.3.	A diferença entre os termos plurissignificativos que exprimem conceitos classificatórios e tipos que se utilizam de termos plurissignificativos em sua construção textual	75
4.	**A POSSIBILIDADE JURÍDICA DA CONTRATAÇÃO DE ADVOGADO PRIVADO PELA ADMINISTRAÇÃO PÚBLICA MUNICIPAL**	**81**

5. O PRECEITO NORMATIVO DO ARTIGO 25, II, DA LEI 8.666/93. A SINGULARIDADE DA ATIVIDADE ADVOCATÍCIA E A NORMA JURISPRUDENCIAL EM VIGOR — 89

    5.1. O PRECEITO NORMATIVO DO ARTIGO 25, II, DA LEI 8.666/93 — 91

    5.2. A SINGULARIDADE DA ATIVIDADE ADVOCATÍCIA — 92

    5.3. A NORMA JURISPRUDENCIAL EM VIGOR: NEM TODO SERVIÇO É SINGULAR — 94

6. A INTERPRETAÇÃO E APLICAÇÃO DO TERMO "NATUREZA SINGULAR" NO ÂMBITO DOS MUNICÍPIOS, EM RELAÇÃO AOS SERVIÇOS ADVOCATÍCIOS: PRESSUPOSTOS FEDERATIVOS, "FORÇAS MÓVEIS" DO SISTEMA DE CANARIS E O RACIOCÍNIO TIPOLÓGICO — 97

    6.1. NOSSA PROPOSTA: A INTERVENÇÃO INTERPRETATIVA DO PRINCÍPIO FEDERATIVO — 104

        6.1.1. A natureza de norma geral da Lei 8.666/93 — 104

        6.1.2. O princípio federativo no sistema jurídico brasileiro — 106

        6.1.3. A influência interpretativa do Princípio Federativo no art.25, II, da Lei 8.666/93: a interpretação conforme a Constituição e o raciocínio por tipos — 109

            6.1.3.1. A natureza excepcional da inexigibilidade e, ainda assim, sua compatibilidade com o raciocínio tipológico — 110

6.2.	O RACIOCÍNIO TIPOLÓGICO E A CONTRATAÇÃO DIRETA DE SERVIÇOS ADVOCATÍCIOS NOS MUNICÍPIOS	113
6.2.1.	A complexidade da questão jurídica	124
6.2.2.	Repercussão econômica ou política da causa ou da decisão administrativa	125
6.2.3.	Distanciamento do cotidiano dos serviços jurídicos	126
6.2.4.	Instância jurisdicional ou administrativa perante a qual tramita o processo	128
6.2.5.	Defesa pessoal de agentes públicos	129
6.2.6.	Quantidade exorbitante de processos repetitivos sobre o mesmo tema, que possam levar conjuntamente a relevante repercussão econômica	133
6.2.7.	Especificidade da questão jurídica	134
6.2.8.	Repercussão jurídica para o Município, notadamente na defesa da constitucionalidade de seus atos	136
6.2.9.	Conflitos Inter-federativos	137
6.2.10.	Potencial de repercussão na esfera de responsabilidade pessoal do administrador em questões jurídicas polêmicas	138
7.	**CONCLUSÕES**	**139**
8.	**REFERÊNCIAS**	**143**

PREFÁCIO

Recebi com muita honra e alegria o convite para prefaciar a obra intitulada "A Contratação Direta do Advogado pelos Municípios e o Princípio Federativo", de autoria do mestrando e advogado Reinaldo Belli de Souza Alves Costa. Trata-se de um denso trabalho resultante de sua investigação em sede de conclusão do bacharelado em direito na reverenciada Faculdade de Direito e Ciências do Estado da UFMG, submetido a escrutínio e sabatina de banca composta, além de minha pessoa, pelos seletos professores Mariana Magalhães Avelar e Florivaldo Dutra de Araújo, sendo o trabalho aprovado com encômios.

Perceptível notar desde as primeiras páginas e por toda a obra que o jovem autor já demonstra elevada maturidade científica em sua estreia na literatura jurídica nacional. Tendo se debruçado sobre um tema controverso na doutrina e na jurisprudência pátrias, colmatando objeto preciso e bem delimitado – a contratação de serviços jurídicos por Município com base no artigo 25, inciso II, da Lei nº 8.666/93 (Lei de Licitações) – o autor esclarece de forma satisfatória e exauriente a hermenêutica sobre a questão. Recorre, para isso, a baluartes da ciência interpretativa jurídica, nacionais e internacionais. Defronta e demonstra notória intimidade com a jurisprudência e os dispositivos da Lei nº 8.666/93, haurindo toda a interpretação gramatical, histórica, teleológica e sistemática que permeia a análise.

No entanto, para além da percuciente decomposição do problema, o principal aspecto da leitura do autor repousa em sua interpretação constitucionalmente adequada, em reverência a princípio constitucional estruturante tão caro e não obstante menosprezado no pensamento jurídico nacional: o federalismo e a estrutura federativa do Estado brasileiro. Não é de forma indistinta, impositiva, autoritária que as normas jurídicas devem ser interpretadas. O Brasil é o país de contrastes e nos mais de 5.500 municípios hoje existentes há aqueles para todos os gostos: alguns financeiramente riquíssimos, outros paupérrimos; alguns populosos, outros despovoados; alguns economicamente dinâmicos, outros estáticos. Nessa miríade qualitativa dos entes subnacionais, o julgamento lícito ou ilícito sobre a possibilidade de contratação ou não de serviços jurídicos deve ser visto sob a ótica de baixo para cima, sensibilizada à realidade e às necessidades de cada ente, não os condenando ao estrangulamento financeiro ou a exigências desmesuradas.

Espero que esta obra seja prenúncio de várias outras com o mesmo espírito a porvir, devendo seu autor dar continuidade a profícuo trabalho, do qual os maiores beneficiários serão toda a comunidade jurídica e, em última instância, a cidadania em geral.

ONOFRE ALVES BATISTA JÚNIOR
Professor Associado de Direito Público do Quadro Efetivo da Graduação e Pós-Graduação da UFMG. Mestre em Ciências Jurídico-Políticas pela Universidade de Lisboa. Doutor em Direito pela UFMG. Pos-Doutoramento em Democracia e Direitos Humanos pela Universidade de Coimbra. Procurador do Estado de Minas Gerais. Ex-Advogado-Geral do Estado de Minas Gerais. Coordenador do Centro de Estudos da Advocacia-Geral do Estado (AGE). Coordenador da Revista

Direito Público da AGE. Membro do Conselho Consultivo do Colégio de Procuradores-Gerais dos Estados e do Distrito Federal. Membro do Conselho Curador da Fundação de Amparo à Pesquisa do Estado de MG – FAPEMIG.

… APRESENTAÇÃO

Honrou-me o convite do advogado e professor Reinaldo Belli de Souza Alves Costa para a apresentação desta obra, o que posso atribuir, além de sua generosidade, ao convívio profissional rotineiro, no qual o autor, como advogado e como pessoa, dignifica a nobre profissão e prossegue a tradição jurídica do escritório de advocacia formado por ele e pelos membros de sua família, desde o seu avô materno, o sempre lembrado e muito atuante Dr. Odilon Pereira de Souza. Convívio profissional com enfoque especial do direito visto no encontro do exercício das funções respectivas da advocacia e da magistratura, quando pude ter contato com o seu talento jurídico, fruto de capacidade intelectual invulgar, raciocínio objetivo, expressão clara e direta, que se aliam à sua personalidade rica em virtudes, destacando-se a lealdade, a seriedade e a dedicação que empresta a tudo o que faz.

Já pela escolha do tema intrigante e que atrai a atenção, sobressai o relevo pretendido de apresentar, analisar, fomentar a discussão e oferecer, em tese que adota e abraça, luz pacificadora aos diversos aspectos controvertidos que envolvem o direito à contratação direta do advogado pelos municípios; trazendo em foco a sua apresentação e discussão nos aspectos jurídicos filosóficos, a partir do raciocínio tipológico e sob o princípio federativo. Com ênfase, analisa o preceito normativo do artigo 25, II, da Lei 8.666, de 1993, que orienta e rege especificamente a matéria. Não olvida o Estatuto da OAB e o seu Código de Ética.

Tem-se aqui, mesclados e dosados na exata medida, o estudo científico do professor e a experiência do advogado, ambos preocupados com o tempo atual e sua evolução social e moral, que atingem diretamente a formação e a interpretação do direito na sua pretensão e na sua entrega, em alerta com a melhor doutrina e a mais adequada jurisprudência, em constante mutação.

O autor, que enobrece a nova geração de juristas mineiros, demonstra o perfil vocacionado dos que se dedicam ao estudo do direito, particularmente na área pública, com a preocupação científica de não interpretá-lo superficial e apressadamente, de modo geral, sob a estrita literalidade da norma escrita; mas, sim, sob a luz do caso concreto e específico, na busca do mais justo. Este, um dos destaques que personalizam o bem elaborado trabalho em seu conjunto.

Analisa, cuidadosamente, sobre o tema, a doutrina e a jurisprudência, oferecendo-lhes novos aspectos precisos e instigantes sobre licitação, singularidade do serviço e especialização, atrelados ao dilema jurídico legal da contratação de advogados pelos municípios.

Anote-se que, embora de natureza técnica, o conjunto da obra evolui em leitura suave e agradável, em estilo elegante, sobrevindo naturalmente a noção e a compreensão do assunto tratado, inclusive com momentos que sugerem o diálogo entre o autor e o leitor interessado.

Por consequência destas considerações, pode-se concluir que, certamente, a obra e o autor terão a merecida aceitação, seja pela qualidade e cuidado do trabalho, seja por evidente utilidade na análise e na verificação das inovações trazidas com a evolução do estudo do tema diante do direito, oferecidos à doutrina e da aplicação nas decisões judiciais, aqui oferecidos à jurisprudência.

Desembargador GERALDO AUGUSTO DE ALMEIDA.
Desembargador no Tribunal de Justiça do Estado de Minas Gerais. Ex-Presidente do Tribunal de Justiça do Estado de Minas Gerais. Ex-Presidente do Tribunal Regional Eleitoral do Estado de Minas Gerais. Magistrado desde 1977. Bacharel em Direito pela Universidade do Estado da Guanabara, 1971.

1. INTRODUÇÃO

O objeto desta investigação é a incidência do artigo 25, II, da Lei 8.666/93 no âmbito da contratação de serviços jurídicos pelos Municípios, com o objetivo de identificar hipóteses em que a licitação é, de fato, inexigível.

Focada essencialmente na análise dogmática e sob um raciocínio sistêmico, esta monografia está dividida em cinco blocos: (i) os pressupostos hermenêuticos do estudo; (ii) a concepção que adotamos de discricionariedade, sua relação com os chamados termos plurissignificativos e a diferença entre forma de raciocinar por tipos e por conceitos classificatórios; (iii) análise quanto à possibilidade de o Advogado privado ser contratado pela Administração Pública; (iv) o direito positivo em vigor na aplicação do artigo 25, II, da Lei 8.666/93; e, por fim, (v) uma proposta científica de aplicação do mencionado dispositivo no âmbito dos Municípios.

Primeiro, para agir com absoluta honestidade intelectual, será exposta a concepção do autor a respeito da diferença entre moral e direito, sobre sistema jurídico, o modelo de sistema de CLAUS-WILHEL CANARIS, a noção de autopoiésis de NIKLAS LUHMANN e a inexistência de método excepcional de interpretação no âmbito do Direito Administrativo.

Na sequência, abordaremos as diferentes correntes a respeito da aplicação dos "conceitos jurídicos indeterminados", nesta monografia referidos por "termos plurissignificativos". Afirmar-se-á, então, que estes termos podem ser conceitos classificatórios ou tipos propriamente ditos, adotando-se como marco teórico a obra de MISABEL ABREU MACHADO DERZI.

Antes de adentrar à análise quanto à forma de contratação, analisar-se-á a juridicidade da contratação do Advogado privado pela Administração Pública, com foco nos Municípios.

Assentado o preceito anterior, será desvelado que a hipótese de inviabilidade de competição reside na natureza singular dos serviços, e não na notoriedade do profissional, razão pela qual será realizado um *recorte metodológico* para investigar exatamente a ocorrência da singularidade. Verificar-se-á que o direito em vigor, incluindo-se aí a norma judicial, preconiza que nem todo serviço jurídico é singular, revelando-se necessário realizar a diferenciação entre o típico e o atípico.

Sustentar-se-á, enfim, que a natureza singular dos serviços advocatícios é, por força do princípio federativo e da natureza de norma geral da Lei 8.666/93, um tipo propriamente dito, cuja incidência levará em consideração elementos da realidade, e que, neste contexto, o diminuto aparelhamento estatal dos Municípios, por decorrência de sua limitada autonomia financeira, tende a ampliar as circunstâncias em que os serviços jurídicos terão natureza singular, em comparação com os Estados-membros ou a União Federal.

Serão lançados alguns exemplos hipotéticos de incidência da norma, e, então, concluir-se-á que a natureza singular dos serviços advocatícios é um tipo propriamente dito, que reclama a análise do caso concreto para ser aplicado, e que no âmbito dos Municípios a verificação das circunstâncias fáticas é imprescindível para se identificar a correta aplicação da norma em questão.

2.
PRESSUPOSTOS CONCEITUAIS E HERMENÊUTICOS

Não seria possível partir diretamente à nossa análise acerca da aplicação do artigo 25, inciso II, da Lei Federal 8.666/93, sem antes estabelecer os marcos teóricos a partir dos quais os argumentos que seguem são estruturados, sob pena de tornarem-se mal compreendidos. Não é possível dizer de aplicação dos preceitos normativos sem qualquer registro sobre a nossa visão de Direito.

Não é objetivo deste estudo realizar uma análise aprofundada a respeito dos marcos teóricos aqui escolhidos. São apenas pontos de partida, verdadeiros pressupostos metodológicos, que, todavia, devem ser justificados. Para tanto, ainda que brevemente, serão abordadas formas de pensamento jurídico com as quais não concordamos, exatamente para indicar os motivos pelos quais nos perfilamos às ideias de CLAUS-WILHELM CANARIS a respeito da natureza sistêmica do Direito, e de NIKLAS LUHMANN sobre o caráter autopoiético, operacionalmente fechado e cognitivamente aberto deste sistema. Seguem as considerações.

2.1. MORAL, DIREITO, CIÊNCIA DO DIREITO E A RAZÃO DA INTERPRETAÇÃO JURÍDICA

Desde já, necessário assentar que qualquer ambiente social que se organiza politicamente estabelece uma série de convenções morais que podem vir a ser ou não institucionalizadas por meio do Direito. Assim, tal como orienta DWORKIN, entendemos o direito como um departamento da moral, que abrange as normas com que a grande maioria concorda e elege como normas jurídicas institucionalizadas.[1]

Tal constatação é da maior relevância para o estudo vertente, eis que, em que pese o tema tratado nesta obra ser objeto das mais variadas opiniões morais e não institucionais por profissionais da área do Direito, todos os argumentos desta natureza serão *irrelevantes* à análise que, conforme se indicará, estará sempre submetida a parâmetros e conceituações próprias do sistema jurídico.

A Ciência do Direito, por outro lado, não é *fonte do Direito*, mas sim o *método de organizar o pensamento jurídico*, que possui a função de fornecer critérios para a produção do Direito em qualquer instância, para sua a aplicação e para ordenar e sistematizar os setores do ordenamento jurídico[2].

Além disso, a razão do esforço jurídico-interpretativo, como ora se propõe neste trabalho acadêmico, reside exatamente, como JOSEPH RAZ[3] leciona, no respeito à autoridade que produz o Direito, que em última instância é a coletividade (ainda que pelo procedimento democrático representativo) e também em razão da sua aptidão para a continuidade, para produzir expectativas legítimas de comportamento, confiança, na concepção de NIKLAS LUHMANN[4], em uma

---

1 DWORKIN, Ronald. *Justice for Herdgehogs*. London: Harvard University Press, 2011. P. 405 e ss.

2 Valemo-nos do conceito de MANUEL ATIENZA. *Las Razones del Derecho*. Cidade Universitária da Universidade do México: Instituto de Investigaciones Jurídicas, 2005. P. 2.

3 RAZ, Joseph. *Between Authority and Interpretation – On the Theory os Law and Pratical Reason*. Oxford: Oxford University Press, 2009. P. 237 e ss.

4 LUHMANN, Niklas. *Confianza*. Barcelona: Anthropos Editorial, 2005.

sociedade organizada em instituições jurídico-políticas. Sem o estudo jurídico interpretativo, seria impossível conciliar o respeito à autoridade que emana o Direito, com sua pretensão de continuidade, pois só a submissão do intérprete a critérios objetivos desta ciência nos conduz às balizas mínimas para uma teoria racional da decisão jurídica coerente, livre de personalismos e justa.

A estas noções acrescentamos a nota distintiva do pensamento de LUHMANN, para quem o sistema é operacionalmente fechado e cognitivamente aberto[5]. Nesse sentido, ainda que a semântica das expressões utilizadas pelo sistema por meio da positivação esteja aberta à influência do ambiente externo do sistema, apontada esta característica por MARCELO NEVES como a condição de exequibilidade do sistema[6], imprescindível que a decisão jurídica racional se mantenha fundamentada no sistema, impermeável aos argumentos políticos, morais (não jurídicos) ou econômicos.

Passemos, então, sinteticamente, a verificar algumas das grandes correntes possíveis do pensamento jurídico e as razões de nossa discordância, em poucas palavras.

---

5   *Apud:* DERZI, Misabel Abreu Machado. *Modificações da jurisprudência: proteção da confiança, boa-fé objetiva e irretroatividade como limitações constitucionais ao poder judicial de tributar.* São Paulo: Noeses, 2009. P. 26.

6   NEVES, Marcelo. *Entre Têmis e Leviatã: uma relação difícil.* 1ª edição no Brasil. São Paulo: Martins Fontes, 2006. *Apud:* DERZI, Misabel Abreu Machado. *Modificações da jurisprudência: proteção da confiança, boa-fé objetiva e irretroatividade como limitações constitucionais ao poder judicial de tributar.* São Paulo: Noeses, 2009. P. 27.

2.2. A INAPTIDÃO DA TÓPICA JURÍDICA

A tópica jurídica é o processo dogmático pelo qual o jurista estabelece uma catalogação das hipóteses normativas, a partir dos exemplos concretos, para produzir uma hipótese de generalidade, com fulcro na semelhança dos fatos jurígenos observados. ATIENZA[7] destaca entre os representantes da tópica jurídica THEODOR VIEHWEG, a cuja obra atribui severas críticas, inclusive quanto à pretensão que o autor alemão teria de relacionar a noção de justiça com o procedimento tópico[8].

NORBERTO BOBBIO[9] indica três possibilidades de compreensão do termo "sistema jurídico", dentre as quais insere um tal significado que parece se referir à tópica jurídica. Ele afirma que nesta concepção possível de sistema "o seu escopo não é desenvolver analiticamente, mediante regras preestabelecidas, alguns postulados iniciais, mas sim reunir dados fornecidos pela experiência com base na semelhança para formar conceitos generalíssimos que permitam unificar todo o material dado[10]".

---

7   ATIENZA, Manuel. *Las Razones del Derecho*. Cidade Universitária da Universidade do México: Instituto de Investigaciones Jurídicas, 2005. P. 29.

8   ATIENZA, Manuel. *Las Razones del Derecho*. Cidade Universitária da Universidade do México: Instituto de Investigaciones Jurídicas, 2005. P. 29.

9   O jurista italiano não disse que estava se referindo à concepção da tópica jurídica, mas diante de suas colocações, podemos inferi-lo.

10   BOBBIO, Norberto. *Teoria do Ordenamento Jurídico*. São Paulo: EDIPRO, 2ª edição, 2014. P. 80 e ss.

Certo é que, a despeito dos argumentos de seus defensores, prejudica a tópica jurídica a ausência de ordenamento sistemático por meio dos princípios gerais, institutos já internalizados em nosso modo de interpretar o sistema. ATIENZA aponta que este método de raciocinar é superficial[11], que não analisa profundamente o sistema[12] e que agrega um nível muito amplo de generalidade[13].

Acrescentamos que, na aplicação do direito, é preciso buscar a essência daquilo que se está a aplicar, sem que isso se faça por meio apenas da catalogação, do particular para o geral. Esta monografia não travará este caminho, de verificar aquilo que é juridicamente adequado nos casos concretos, para depois realizar uma infinita analogia, por concordamos com THOMAS DA ROSA BUSTAMANTE quando afirma que mesmo o raciocínio analógico se faz por princípios[14], sob pena de ser injusto ou incoerente.

---

11 ATIENZA, Manuel. *Las Razones del Derecho*. Cidade Universitária da Universidade do México: Instituto de Investigaciones Jurídicas, 2005. P. 40/41.

12 ATIENZA, Manuel. *Las Razones del Derecho*. Cidade Universitária da Universidade do México: Instituto de Investigaciones Jurídicas, 2005. P. 40/41.

13 ATIENZA, Manuel. *Las Razones del Derecho*. Cidade Universitária da Universidade do México: Instituto de Investigaciones Jurídicas, 2005. P. 40/41.

14 BUSTAMANTE, Thomas da Rosa. *Teoria do Direito e Decisão Racional – Temas de Teoria da Argumentação Jurídica*. Rio de Janeiro: Renovar, 2008. P. 392/396.

Bem por isso, ao fim e ao cabo, a tópica jurídica não proporciona uma resposta palatável à fundamentação metodológica da racionalidade da decisão jurídica[15], e por isso não adotaremos seus preceitos.

2.3. A INAPTIDÃO DA JURISPRUDÊNCIA DOS CONCEITOS

A Jurisprudência dos Conceitos é um modelo de dogmática jurídica que tem por método as operações lógico-dedutivas, a partir do silogismo jurídico. Parte-se da premissa de que é possível extrair da análise dos textos normativos todo o seu conteúdo, a partir do qual seria possível fixar uma "premissa maior": o pretexto normativo. Segue-se que a premissa menor seria composta pelos fatos a respeito dos quais se faria uma análise puramente subjuntiva da norma extraída previamente.

Atribui-se a MAX WEBER adequada conceitualização deste método de dogmática jurídica, para quem a jurisprudência dos conceitos seria "um sistema de regras *logicamente* claro, em si *logicamente* livre de contradições, e, sobretudo e principalmente, sem lacunas, o que requer que todos os factos possam logicamente subsumir-se numa das suas normas, ou caso contrário, a sua ordem abdica da garantia essencial[16]". Tal método "eminentemente sistemático" e "estritamente lógico" é defendido por WUNDT como, em certa medida comparável à Matemática[17].

---

15 Nesse sentido: ATIENZA, Manuel. *Las Razones del Derecho.* Cidade Universitária da Universidade do México: Instituto de Investigaciones Jurídicas, 2005. P. 41.

16 Cf. *Wirtschaft und Gesellschaft*, 4ª edição, 1956, 2º tomo, p. 356. Apud: CANARIS, Claus-Wilhelm. *Pensamento sistemático e conceito de sistema na Ciência do Direito.* Lisboa: Fundação Calouste Gulbekian, 1996. P 29.

17 Cf. CANARIS, Claus-Wilhelm. *Pensamento sistemático e conceito de sistema na Ciência do Direito.* Lisboa: Fundação Calouste Gulbekian, 1996. P. 30.

EROS ROBERTO GRAU, com esforço em JERSY WRÓBLEWSKI acrescenta o fato de que o raciocínio jurídico demanda a justificação interna da operação, que é exatamente a aplicação lógica, e a justificação externa, que ultrapassa os limites da lógica tradicional, ao afirmar a necessidade da fundamentação sistêmica e funcional da norma de aplicação[18].

KARL LARENZ anota que a nota distintiva da Jurisprudência dos Conceitos tradicional ou formal era a ausência de interpretação teleológica[19]. A negação da importância da pesquisa em torno da vontade histórica do legislador, também refutada por GRAU[20] e por nós, passou a ser ainda no século XIX realizada pelos defensores da Jurisprudência dos Conceitos, mas não havia ainda uma noção de princípios gerais do direito, orientadores do sistema, que deveriam servir de vetores de interpretação das normas jurídicas concretas. CANARIS também sustenta a insuficiência do modelo, denunciando que as operações da aplicação do Direito não derivam da ideia lógica tradicional, mas sim valorativa ou axiológica[21].

Contemporaneamente, entretanto, a Jurisprudência dos Conceitos já não mais significa o método de raciocinar sem princípios gerais orientadores do sistema. Atribuímos sua maior incompatibilidade à proposta a que se adere neste

---

18 GRAU, Eros Roberto. *Por que tenho medo dos juízes (a interpretação/aplicação do direito e os princípios)*. São Paulo: Malheiros Editores LTDA., 2017. P. 86/87.

19 LARENZ, Karl. *Metodología de la ciência del Derecho*. Barcelona: Editorial Ariel, 1980. P. 54.

20 GRAU, *Por que tenho medo dos juízes (a interpretação/aplicação do direito e os princípios)*. São Paulo: Malheiros Editores LTDA., 2017. P. 83, *in verbis*: "O texto normativo costuma ser mais inteligente do quem o escreveu".

21 CANARIS, Claus-Wilhelm. *Pensamento sistemático e conceito de sistema na Ciência do Direito*. Lisboa: Fundação Calouste Gulbekian, 1996. p. 30.

trabalho, entretanto, à diferenciação ainda radical entre fato e norma. Permanece sendo traço distintivo da Jurisprudência dos Conceitos a pretensão de descobrir a norma de aplicação, a partir da análise dogmática, etimológica, semântica, linguística ou qualquer outro método científico de interpretação dos textos normativos isoladamente, ainda que com base em Princípio Gerais, para então operar o juízo de subsunção.

A separação entre fato e texto, para a identificação da proposição jurídica normativa a ser aplicada, nem sempre é correta. Há hipóteses em que a norma não está embutida no invólucro dos textos, e aqui reside nossa discordância da Jurisprudência dos Conceitos. A norma, a ser descoberta pelo intérprete a partir do processo interpretativo, resulta de uma combinação entre os textos do sistema jurídico e os fatos[22], por isso os tribunais não podem deixar de avaliar o caso concreto em julgamento. Daí, porquanto, não adotaremos esta forma de raciocinar o direito.

2.4. A INSUFICIÊNCIA DA TEORIA PURA DO DIREITO, DE HANS KELSEN

A tão fértil concepção de HANS KELSEN[23] a respeito da estrutura do sistema jurídico a partir do escalonamento das normas jurídicas, com "molduras" dentro das quais haveria liberdade de escolha para o órgão aplicador do Direito revela-se, hodiernamente, insuficiente, em que pese sua

---

22 Assim é o entendimento de EROS ROBERTO GRAU, com esforço em GADAMER, FRIEDRICH MULLER e ASCARELLI. *Por que tenho medo dos juízes (a interpretação/aplicação do direito e os princípios).* São Paulo: Malheiros Editores LTDA., 2017. P 56/57.

23 KELSEN, Hans. *Teoria Geral do Direito e do Estado.* São Paulo: Martins Fontes, 1998.

relevante contribuição histórica para a autonomização do Direito como sistema independente e como ciência, ainda que sob a ótica positivista tradicional.[24]

Não obstante a grande evolução que o jurista austríaco imprimiu com sua obra, na concepção atual do sistema jurídico como complexo permeado por princípios jurídicos que submetem as escolhas administrativas a uma série de critérios, ainda jurídicos, que estejam no âmbito interno da "moldura" da norma, não podemos concordar com a noção de liberdade ou discricionariedade quando se trata da interpretação, conforme se verá adiante, principalmente a respeito da visão adotada em relação ao funcionamento dos princípios jurídicos e da forma de aplicação dos termos plurissignificativos.

Além disso, novamente a importância dos fatos na verificação da norma de aplicação, ao que acrescenta GRAU, que a "moldura da norma" não é apenas a moldura do texto, mas a "moldura" do texto e da realidade[25].

---

24 KELSEN, Hans. *Teoria Pura do Direito*. 4ª edição. Coimbra: Armênio Amado, 1979. P. 466/467.

25 GRAU, Eros Roberto. *Por que tenho medo dos juízes (a interpretação/ aplicação do direito e os princípios)*. São Paulo: Malheiros Editores LTDA., 2017. P. 57.

2.5. O SISTEMA JURÍDICO NA VISÃO DE CLAUS-WILHELM CANARIS

Com as breves notas realizadas sobre as concepções que não adotamos, é de se estabelecer breve contextualização a respeito da teoria sistêmica de CLAUS-WILHELM CANARIS, em seu *"Pensamento sistemático e conceito de sistema na Ciência do Direito*[26]*"*.

Sobretudo, o sistema adotado por CANARIS é axiomático valorativo, cuja metodologia busca fundamentar as ideias de "adequação valorativa" e "unidade interior da ordem jurídica"[27]. O modelo de CANARIS pressupõe a existência de princípios gerais do direito conformadores de toda a estrutura lógica do sistema, permitindo a "captação racional da adequação de conexões de valorações jurídicas[28]".

Embora elaborada a partir da análise do sistema jurídico privado alemão, entendemos que se aplica ao direito público brasileiro por se tratar, antes de mais nada, de verdadeira Teoria Geral do Direito.

Afirma o jurista alemão que a característica principal da ideia da unidade interior da ordem jurídica respeita à aptidão à "recondução da multiplicidade do singular a alguns poucos princípios constitutivos[29]", de modo que se possa, além de pesquisar a *ratio legis*, ou seja, a finalidade social de uma

---

26 CANARIS, Claus-Wilhelm. *Pensamento sistemático e conceito de sistema na Ciência do Direito*. Lisboa: Fundação Calouste Gulbekian, 1996.

27 Cf. CANARIS, *Op. Cit.*, p. 66 e ss.

28 CANARIS, *op. cit.*, p. 70.

29 CANARIS, Claus-Wilhelm. *Pensamento sistemático e conceito de sistema na Ciência do Direito*. Lisboa: Fundação Calouste Gulbekian, 1996. p. 76.

norma jurídica específica, verificar a *ratio iuris*, isto é, a razão de ser do próprio sistema, unitariamente considerado[30], de modo que se obtenha uma conexão orgânica[31] entre os valores internalizados pelo sistema, e não uma colisão entre eles. Para tanto, o sistema é construído a partir de princípios gerais[32] conformadores de toda a unidade interna.

A adequação valorativa, por outro lado, relaciona-se mais à característica de ordem teleológica[33], que dirige o intérprete a perquirir a finalidade social da norma a partir da verificação da compatibilidade de seus preceitos à *ratio iuris* dominante no sistema jurídico.

Além de essencialmente axiológico e valorativo, o sistema jurídico em CANARIS possui traços abertos e fechados, móveis e imóveis. A abertura ou fechamento e a mobilidade ou imobilidade, na terminologia adotada pelo autor, são conceitos distintos entre si. É possível, pois, que um sistema seja aberto e imóvel, fechado e imóvel, aberto e móvel, fechado e móvel[34].

---

30 CANARIS, Claus-Wilhelm. *Pensamento sistemático e conceito de sistema na Ciência do Direito*. Lisboa: Fundação Calouste Gulbekian, 1996. p. 77.

31 CANARIS, Claus-Wilhelm. *Pensamento sistemático e conceito de sistema na Ciência do Direito*. Lisboa: Fundação Calouste Gulbekian, 1996. p. 76/78.

32 CANARIS, Claus-Wilhelm. *Pensamento sistemático e conceito de sistema na Ciência do Direito*. Lisboa: Fundação Calouste Gulbekian, 1996. p. 78.

33 CANARIS, Claus-Wilhelm. *Pensamento sistemático e conceito de sistema na Ciência do Direito*. Lisboa: Fundação Calouste Gulbekian, 1996. p. 78.

34 CANARIS, P. 130.

CANARIS afirma que "à abertura como incompletude do conhecimento científico acresce assim a abertura como modificabilidade da própria ordem jurídica[35]", o que significa dizer que a natureza aberta do sistema é sua aptidão a sofrer modificações posteriores em razão do avanço do descobrimento científico, que "apenas pode produzir projectos provisórios[36]".

A mobilidade do sistema, diferentemente, diz respeito à forma de incidência das normas jurídicas. O sistema imóvel, indicado como predominante no sistema privado alemão[37], possui "forças rígidas", utilizadas para excluir a margem interpretativa do aplicador do Direito. São institutos jurídicos de características estáveis, que diminuem tanto quanto possível a variabilidade das consequências jurídicas. Em outras palavras, é afirmar que, quando verificados todos os elementos inerentes e imprescindíveis à incidência da norma, estar-se-á aplicando as forças rígidas, que pretensamente provocam um resultado fixo.

No que se refere às "forças móveis[38]", CANARIS se apoia na obra de WILBURG para afirmar que há elementos no sistema que são sintetizáveis na seguinte representação:

---

35 CANARIS, op. cit., p. 109.
36 CANARIS, op. cit., p. 109.
37 CANARIS, p. 134
38 CANARIS, op. cit., p. 128.

A consequência jurídica só surge – e isto é decisivo – 'a partir da concatenação destes elementos, segundo o seu número e peso' e é determinada pelo juiz 'segundo a discricionariedade[39] orientada'. As 'forças' não são, pois, 'absolutas, de dimensões rígidas, antes decidindo o efeito conjunto da sua articulação variável'; pode mesmo também bastar a existência dum único dos elementos, desde que este apresente 'um peso especial'. (...) As características essenciais do 'sistema móvel' são, pois, a igualdade fundamental de categoria e a substituibilidade mútua dos competentes princípios ou critérios de igualdade – pois é de facto disso que se trata quando WILBURG fala de 'elementos' ou de 'forças móveis'[40].

Estabelece então o autor o seguinte postulado: "o sistema móvel ocupa uma posição intermediária entre previsão rígida e cláusula geral[41]", razão pela qual ele:

...representa um compromisso particularmente feliz entre os diversos postulados da ideia de Direito – e também de segurança jurídica sempre é garantida em maior medida do que perante uma mera cláusula de equidade – e equilibra a 'polaridade' deles numa solução ponderada e 'intermediária'; tanto se afasta o rigorismo das normas rígidas como da ausência de contornos da pura cláusula de equidade. [...]

...cabe ao sistema móvel, um papel especialmente importante uma vez que ele, como se disse, dá, de modo muito feliz, um meio termo entre as previsões normativas firmes e as cláusulas gerais e confere uma margem quer à tendência generalizadora da justiça, quer à individualizadora. É, porém, apenas uma das

---

[39] Conforme se verá, não entendemos compatível o instituto da discricionariedade à espécie, pois esta não se confunde com a interpretação. É a única ressalva, talvez de teor apenas terminológico, que se faz a este trecho citado, pois não entendo que CANARIS tenha se utilizado da palavra "discricionariedade" com o mesmo significado que empregamos no direito brasileiro.

[40] CANARIS, *op. cit.*, p. 128/129.

[41] CANARIS, *op. cit.*, p. 141.

várias possibilidades formulativas a considerar não devendo, por outro lado, sobre estimar-se a sua capacidade. Com esta limitação pode-se, no entanto, dizer que a ideia de um sistema móvel, tal como desenvolvida por WEILBURG, constitui um enriquecimento decisivo do instrumentário quer legislativo quer metodológico devendo, por isso, incluir-se sem dúvida entre as 'descobertas' jurídicas significativas[42].

Estas são, grosso modo, as linhas gerais a respeito do sistema cunhado por CANARIS, naquilo que nos será útil mais adiante.

2.6. O MÉTODO DE INTERPRETAÇÃO TELEOLÓGICO DE KARL LARENZ E SUA COMPATIBILIDADE COM O CONCEITO DE SISTEMA DE CANARIS

Se é verdade o que afirma CANARIS a respeito do fundamento axiológico da ordem jurídica, a indicar que a verificação da adequação valorativa das proposições jurídicas consiste em uma tarefa de análise teleológica, e também que a unidade interna do sistema reside na existência de princípios gerais conformadores, não poderia ser mais adequada a teoria da interpretação jurídica cunhada por KARL LARENZ, para quem "o escopo da interpretação só pode ser, nestes termos, o sentido normativo do que é agora juridicamente determinante, quer dizer, o sentido normativo da lei[43]".

LARENZ aceita a avaliação da vontade do legislador, que impregna o texto normativo de elementos subjetivos[44], mas

---

42 CANARIS, Claus-Wilhelm. *Pensamento sistemático e conceito de sistema na Ciência do Direito*. Lisboa: Fundação Calouste Gulbekian, 1996, p. 145/148.

43 LARENZ, Karl. *Metodologia da Ciência do Direito*. 3ª edição. Lisboa: Fundação Calouste Gulbenkian, 1997. P. 448.

44 Idem. P. 448.

atribui mais importância ao sentido normativo do texto[45], que além destes preceitos inclui, com mais intensidade, a interpretação da lei em conformidade com a Constituição – ou com os "princípios gerais" orientadores, a que se refere CANARIS, devemos acrescentar.

A interpretação do texto normativo deve, em sua visão, seguir vários critérios[46]: (i) o sentido literal; (ii) o contexto significativo da lei; (iii) a intenção reguladora, fins e ideias normativas do legislador histórico; (iv) os critérios teleológicos-objetivos; (v) o preceito da interpretação conforme à Constituição; (vi) a inter-relação dos critérios de interpretação e (vii) a comparação da interpretação da lei com a interpretação dos negócios jurídicos. Não nos será útil o último destes critérios, pois ele se refere especificamente à interpretação de disposições jurídicas de natureza privada, portanto distantes do debate vertente. A aplicabilidade de cada critério, todavia, será demonstrada na análise do caso concreto, logo adiante.

Registra-se, desde já, contudo, que até mesmo LARENZ reconhece que o elemento subjetivo do intérprete é ineliminável[47], embora tenhamos empreendido esforços neste trabalho para nos guiar da forma mais objetiva possível, para que se possa "fazer falar[48]" o texto normativo.

---

45 Idem, P. 450.

46 Idem. p. 450/491.

47 Idem, p. 441, *in verbis:* "O intérprete nunca se comporta aí de modo puramente passivo. O texto nada diz a quem não entenda já alguma coisa naquilo de que ele trata. Só responde a quem o interroga correctamente. A pergunta é previamente dada àquele que quer aplicar a lei pela situação de facto em bruto e pela sua transformação em situação de facto definitiva. [...] ...a formulação da pergunta limita também, ao mesmo tempo, as respostas possíveis"

48 Idem, p. 441.

2.7. OS PRINCÍPIOS JURÍDICOS E SUA INFLUÊNCIA NO PROCESSO INTERPRETATIVO DO DIREITO

Se este trabalho possui a pretensão de demonstrar a influência interpretativa do princípio federativo na aplicação do artigo 25, inciso II, da Lei 8.666/93, é necessário, antes, referirmo-nos a um conceito de princípio jurídico compatível com nossa proposta.

É bastante tradicional a classificação de ROBERT ALEXY dos princípios jurídicos como *"mandamentos de otimização[49]"*, opostos às regras jurídicas, que seriam normas de aplicação *"tudo ou nada[50]"*. A distinção por ele proposta nos é pouco útil neste trabalho, porque nossa argumentação tem por foco a aptidão estruturante dos princípios jurídicos na aplicação das regras de um sistema, e a esta pretensão este pensamento não responde.

EROS ROBERTO GRAU, mais recentemente, refere-se aos princípios jurídicos como espécies do gênero regras jurídicas, cujas notas distintivas são o alto grau de generalidade e a proximidade aos valores[51]. A proximidade com os valores se assemelha à nossa proposta, mas a identificação dos princípios como regras muito gerais prejudicaria nosso argumento, pois indica uma diferenciação meramente quantitativa, isto é, tratar-se-ia apenas de uma questão de grau. Daí sucederia um empecilho à justificação da interpretação

---

49 ALEXY, Robert. *Teoria dos Direitos Fundamentais*. São Paulo: Malheiros, 2008. P. 90.

50 ALEXY, Robert. *Teoria dos Direitos Fundamentais*. São Paulo: Malheiros, 2008. P. 90.

51 GRAU, Eros Roberto. *Por que tenho medo dos juízes (a interpretação/aplicação do direito e os princípios)*. São Paulo: Malheiros Editores LTDA., 2017. P 106/107.

teleológica por princípios, afinal, uma vez inexistente diferença qualitativa, estes não possuiriam mais conexão com a finalidade social do direito do que as regras, e, assim, o raciocínio por princípios não estaria vinculado à ideia de adequação valorativa, mas, apenas de unidade interior da ordem jurídica, a partir da sistematização por regras gerais do sistema. Por isso, entendemos que a proximidade aos valores, já revelada por EROS GRAU, significa mais do que uma questão de grau, mas sim qualitativa.

HUMBERTO ÁVILA defende que a nota distintiva dos princípios não é sua generalidade, mas sua imediata vinculação a uma finalidade[52], a qual é o objeto da normatização. Esta característica apontada converge com a concepção sistêmica teleológica e de adequação axiológica de CANARIS. O mesmo se diga em relação à pretensão de complementariedade[53], que guarda relação com as defendidas ideias germânicas de unidade interna do sistema ou *"ratio iuris"* do todo, e de parcialidade[54], que pode ser identificado na obra de CANARIS quando afirma que a "combinação de complementação e

---

52 ÁVILA, Humberto. *Teoria dos Princípios: da definição à aplicação dos Princípios Jurídicos*. São Paulo: Malheiros, 2013. P. 85. O conceito do autor é o seguinte: "Os princípios são normas imediatamente finalísticas, primariamente prospectivas e com pretensão de complementariedade e de parcialidade, para cuja aplicação se demanda uma avaliação da correlação entre o estado de coisas a ser promovido e os efeitos decorrentes da conduta havida como necessária à sua aplicação".

53 Cf. ÁVILA, Humberto. *Teoria dos Princípios: da definição à aplicação dos Princípios Jurídicos*. São Paulo: Malheiros, 2013. P. 85.

54 Cf. ÁVILA, Humberto. *Teoria dos Princípios: da definição à aplicação dos Princípios Jurídicos*. São Paulo: Malheiros, 2013. P. 85.

restrição recíprocas[55]" é essencial para a apreensão do sentido próprio dos princípios.

CANARIS afirma que o princípio ocupa "justamente o ponto intermédio entre o valor, por um lado, e o conceito, por outro: ele excede aquele por estar já suficientemente determinado para compreender uma indicação sobre as consequências jurídicas e, com isso, para possuir uma configuração especificamente jurídica e ultrapassa este por ainda não estar suficientemente determinado para esconder a valoração[56]".

Da mesma forma, assinala que "os princípios não valem sem exceção e podem entrar em oposição ou em contradição entre si[57]", "não têm pretensão de exclusividade[58]", só ostentam seu verdadeiro sentido "numa combinação de complementação e restrição recíprocas[59]", e, por fim, que "necessitam, para a sua realização, da concretização através de subprincípios e de valorações singulares com conteúdo material próprio[60]".

---

55 CANARIS, Claus-Wilhelm. *Pensamento sistemático e conceito de sistema na Ciência do Direito*. Lisboa: Fundação Calouste Gulbekian, 1996. P. 92/93.

56 CANARIS, Claus-Wilhelm. *Pensamento sistemático e conceito de sistema na Ciência do Direito*. Lisboa: Fundação Calouste Gulbekian, 1996. p. 87.

57 CANARIS, Claus-Wilhelm. *Pensamento sistemático e conceito de sistema na Ciência do Direito*. Lisboa: Fundação Calouste Gulbekian, 1996. p. 88.

58 CANARIS, *op. Cit.*, P. 90.

59 CANARIS, *op. Cit.*, P. 92/93.

60 CANARIS, *op. Cit.*, P. 96.

Na interpretação do Direito, utilizaremos os princípios jurídicos a partir do pressuposto de que as próprias regras são o produto da combinação de princípios, na esteira da primeira das concepções de ordenamento analisadas por NORBERTO BOBBIO[61]. THOMAS DA ROSA BUSTAMANTE explica isso quando afirma, com esforço em ALEKSANDER PECZENIK e NIEL MACCORMICK, que "toda regra jurídica pode ser apresentada como o resultado de uma ponderação de princípios feita pelo legislador[62]", os quais podem ser analisados independentemente da pesquisa da vontade histórica do legislador.

Os princípios jurídicos justificam[63] as próprias regras, pois compõem o seu substrato normativo objetivo. A concepção não apenas é compatível com a proposta sistêmica de CANARIS, como também revela o traço distintivo dos princípios para ÁVILA: a característica finalística imediata, o real significado da função teleológica, ou, o sentido normativo do texto, para utilizar a já referida expressão de LARENZ. Não por outro motivo, portanto de modo convergente, ONOFRE ALVES BATISTA JÚNIOR assenta que "os princípios jurídicos são mesmo aqueles vetores ou ideias

---

61 Cf. BOBBIO, Norberto, *Op. Cit.*, P. 82. *In verbis*: "Nessa acepção, diz-se que um dado ordenamento é um sistema desde que todas as normas jurídicas daquele ordenamento sejam derivadas de alguns princípios gerais (dito de outra forma, 'princípios gerais do direito')".

62 BUSTAMANTE, Thomas da Rosa. *Teoria do Direito e Decisão Racional – Temas de Teoria da Argumentação Jurídica*. Rio de Janeiro: Renovar, 2008. P. 394/395.

63 Cf. BUSTAMANTE, Thomas da Rosa. *Teoria do Direito e Decisão Racional – Temas de Teoria da Argumentação Jurídica*. Rio de Janeiro: Renovar, 2008. P. 394.

centrais, que proporcionam uma estruturação lógica e coerente do sistema jurídico[64]".

A isso se segue o fato de que a interpretação possível que dê preferência à concretização de um princípio estruturante que subjaz a *"ratio iuris"* do sistema ou daquela proposição jurídica deve ser preferida em face de outras que indiquem eventual conflito, pois a regra do sistema é a compatibilidade recíproca dos preceitos normativos. Os princípios, então, desempenham um papel interpretativo fundamental, rejeitando as interpretações que não se sustentem na *"ratio iuris"*, que é formada pelos próprios princípios estruturantes de um sistema.

Estabelecidos, portanto, os contornos gerais a respeito da ideia de sistema à qual nos perfilamos e do funcionamento dos princípios jurídicos no âmbito da interpretação do direito de modo geral, passa-se a verificar se a área de concentração desta monografia possui particularidades que excluem os preceitos aqui adotados.

2.8. INTERPRETAÇÃO E APLICAÇÃO DO DIREITO ADMINISTRATIVO

Desde logo, é preciso partir de uma consideração dogmática intransponível: o direito é um sistema, e, por isso mesmo, EROS ROBERTO GRAU afirma que "não se interpreta o Direito em tiras, aos pedaços[65]", ao que complementa

---

64 BATISTA JÚNIOR, Onofre Alves. *Princípio Constitucional da Eficiência Administrativa*. Belo Horizonte: Fórum, 2012. P. 85.

65 GRAU, Eros Roberto. *Por que tenho medo dos juízes (a interpretação/ aplicação do direito e os princípios)*. São Paulo: Malheiros Editores LTDA., 2017. P. 86. Continua EROS ROBERTO GRAU: "Por isso mesmo a interpretação do direito é interpretação do direito e não de

SACHA CALMON NAVARRO COÊLHO, assentando que "O Direito é uno, todo interligado, a regrar a vida social[66]".

Isso não elide, contudo, que cada área do direito, apesar de não ser autônoma, possua suas preocupações próprias. Por exemplo: não haveria de ter o direito penal as mesmas preocupações a respeito da incidência das normas sancionatórias do que o direito de trânsito. Mas isso não significa que cada qual seja um sistema apartado, ou que subsista uma "autonomia científica", para além do sentido meramente didático porque é feita esta distinção.

Recorre-se novamente a CANARIS para, a respeito deste tema, afirmar que os princípios gerais estruturantes dependem da existência de subprincípios específicos de cada ramo do direito para serem aplicados[67]. Nesse sentido, todos os postulados estruturais do sistema são plenamente válidos a todos os ramos do direito, razão pela qual sua interpretação é única. Todavia, sem dúvida, haverá princípios relevantes a serem considerados nesta análise especificamente em razão

---

textos isolados, desprendidos do direito. Não se interpretam textos de direito, isoladamente, mas sim o direito, no seu todo – marcado, na dicção de Ascarelli, pelas suas premissas implícitas. (...). A interpretação de qualquer texto de direito impõe sempre ao intérprete, em qualquer circunstância, o caminhar pelo percurso que se projeta a partir dele – do texto – até a Constituição. Por isso, insisto que em um texto de direito isolado, destacado, desprendido do sistema jurídico, não expressa significado normativo algum".

66 COÊLHO, Sacha Calmon Navarro. *Evasão e Elisão Fiscal. O parágrafo único do art. 116, CTN e o Direito comparado*. Rio de Janeiro: Forense, 2006. P. 27.

67 CANARIS, Claus-Wilhelm. *Pensamento sistemático e conceito de sistema na Ciência do Direito*. Lisboa: Fundação Calouste Gulbekian, 1996. P 96 e ss.

do direito administrativo, partindo-se, é claro, daqueles referidos no *caput* do artigo 37 da Constituição da República de 1988, a supremacia do interesse público e os traços específicos do regime jurídico-administrativo, de modo geral indicados pela doutrina administrativista[68].

O que se quer com este breve tópico assentar, contudo, é que não há método interpretativo excepcional no direito administrativo[69], revelando-se, pois, coerentes os pressupostos hermenêuticos com o objeto do estudo.

---

[68] Traços estes, destacados, por exemplo, por HELY LOPES MEIRELLES, em suas notas introdutórias a respeito do método de interpretação do Direito Administrativo. In: *Direito Administrativo brasileiro*. São Paulo: Malheiros, 2001. P. 43.

[69] Em sentido convergente: BATISTA JÚNIOR, Onofre Alves. *Princípio Constitucional da Eficiência Administrativa*. Belo Horizonte: Fórum, 2012. P. 507/508, *in verbis*: "as leis administrativas são regras jurídicas com estrutura lógica e atuação dinâmica idênticas às das demais regras jurídicas e, dessa forma, admitem os mesmos métodos de interpretação".

3.
TERMOS PLURISSIGNIFICATIVOS, INTERPRETAÇÃO E DISCRICIONARIEDADE

O caso em análise respeita à interpretação e aplicação de termos plurissignificativos e da existência ou não de sua relação com o poder discricionário. Cumpre, pois, tecer breves considerações a respeito do tema, que não é novo, mas continua atual.

3.1. A DOUTRINA TRADICIONAL A RESPEITO DO TEMA NO BRASIL E NO EXTERIOR

São já antigos os esforços aqui e alhures para fixar uma metodologia racional na interpretação e aplicação dos termos plurissignificativos. Para planificar, ainda que de modo bastante resumido, as diferentes posições hoje à disposição dos intérpretes, far-se-á uma abordagem da concepção mais larga do ponto de vista da relação entre os termos de vagueza semântica e a discricionariedade administrativa, até o mais restrito. Após, registraremos as razões pelas quais entendemos que determinada proposta é a mais compatível com o sistema jurídico positivo brasileiro em vigor.

Destaca-se, de antemão, que a maioria dos textos dogmáticos deste ramo do direito atribui à doutrina alemã o mérito do aprofundamento deste estudo[70]. Sobretudo, credita-se a OTTO BACHOF especial dedicação à análise da problemática em questão, que sob a ótica daquele modelo

---

70 Nesse sentido: GARCÍA DE ENTERRÍA, Eduardo; FERNANDES, Tomás-Rámon. Potestades regradas e potestades discricionais. In: ———. *Curso de Direito Administrativo*. São Paulo: Revista dos Tribunais, 1991, p. 392/393.

de sistema jurídico, seria a dificuldade da "subsunção" dos objetos concretos do cotidiano aos signos vagos utilizados pelo texto normativo[71].

De qualquer forma, certo é que há uma pluralidade de análises, as quais se passa a destacar.

3.1.1. A discricionariedade tradicional

Colhe-se de escritos mais antigos que o emprego de termos indeterminados nos enunciados normativos produziria uma discricionariedade do administrador público, a quem o legislador teria incumbido do dever de verificar a incidência das construções léxicas de pouca densidade concreta de que teria se utilizado.

No sistema francês, com todas as peculiaridades que o regime jurídico-administrativo daquele país comporta, adota-se uma justificação prática para a discricionariedade, argumentando-se que a impossibilidade de o legislador prever todas as hipóteses de acontecimento o induziria ao uso de conceitos vagos e genéricos[72].

---

71 Nesse sentido: ARAÚJO, Florivaldo Dutra. *Discricionariedade e motivação do ato administrativo. In:* LIMA, Sérgio Mourão Corrêa. Temas de Direito Administrativo: estudos em homenagem ao Professor Paulo Neves de Carvalho. Rio de Janeiro: Forense, 2006. P. 110/111.

72 LAUBADÈRE, André de; VENEZIA, Jean-Claude; GAUDEMET, Yves. *Traité de Droit Administratif.* 13ª edição. Paris: Librairie générale de droit et de jurisprudence, 1994. P. 603. *In verbis:* "La justification du pouvoir discrétionnaire – Dans toute organisation administrative il est nécessaire qu'une part – plus ou moins grande selon les domaines – de pouvoir discrétionnaire soit laissée aux autorités administratives. Cette nécessité procede de ce qu'il este impossible tant au législateur qu'au juge d'avoir une vue exacte des éléments concrets qui, au moins en

Sob este prisma, sempre que o legislador tiver se utilizado de termos imprecisos, o teria feito por motivos práticos, diante da impossibilidade de previsão de todas as circunstâncias, e, ao fazê-lo, estaria delegando ao administrador a capacidade de verificação da incidência das normas jurídicas em questão. Os termos vagos, então, seriam fonte de poder discricionário.

Assim também MICHEL STASSINPOULOS afirmou, quando se referiu que "*la détermination de la signification exacte d'une notion vague de la part de l'organe administratif n'est plus une question d'interprétation, mais une question d'usage d'une liberté qui lui a été laisée à dessein par la loi*[73]".

Trata-se, sem dúvida, de posição já ultrapassada pela ciência do Direito, pois bem se sabe que no circulo hermenêutico de verificação da adaptabilidade do fato à norma, o julgador poderá analisar aspectos do caso concreto que tornem conceitos imprecisos em absolutamente precisos.

Os alemães combateram esta tese ao argumento de que haveria um núcleo fixo, "*Begrikffkern*", ou área de precisão, em que ninguém razoavelmente duvida do que os signos pobres em concretude significam. Da mesma forma, haveria

---

partir et en certains cas, conditionnet 'ópportunité desde décisions administratives. La justification du pouvoir discrérionnaire est donc essentiellement une justification pratique".

73 STASSINOPOULOS, Michel. *Traité des actes administratifs*. Paris: Librairie générale de droit et de jurisprudence, 1973. P. 151. *Apud*: OLIVEIRA, Regis Fernandes de. Ato administrativo. 5ª edição. São Paulo: Revista dos Tribunais, 2007. P. 99. Tradução livre: "a determinação do significado de uma noção vaga por um órgão administrativo não é uma questão de interpretação, mas sim uma questão de uso de uma liberdade que foi deixada a ele propositalmente pela lei".

uma área intermediária de incerteza, "*Begriffhof*", à qual os autores espanhóis GARCÍA DE ENTERRÍA e FERNANDES chamam de "*halo do conceito*", e por fim a área de certeza negativa, em que ninguém razoavelmente duvidaria se tratar de hipótese em que não aplicável o conceito em questão[74].

Apenas com estas considerações, verifica-se a inviabilidade da utilização desta classificação, a qual entende que o emprego de "conceitos jurídicos indeterminados" levaria sempre à discricionariedade administrativa.

3.1.2. A discricionariedade potencial e o caso concreto

Para CELSO ANTÔNIO BANDEIRA DE MELLO, o conceito de discricionariedade é definido da seguinte forma:

> Em suma: a discricionariedade é liberdade *dentro da lei*, nos limites da norma legal, e *pode ser definida como*: "A margem de liberdade conferida pela lei ao administrador a fim de que este cumpra o dever de integrar com sua vontade ou juízo a norma jurídica, diante do caso concreto, segundo critérios subjetivos próprios, a fim de dar satisfação aos objetivos consagrados no sistema legal[75]".

Disso se segue que, para o autor, a discricionariedade deriva exatamente da imprecisão da norma jurídica, por uma série de motivos dentre os quais se encontraria a circunstância em que o preceito normativo é descrito pelos termos

---

74 Todo o parágrafo tem como referência a seguinte obra: GARCÍA DE ENTERRÍA, Eduardo; FERNANDES, Tomás-Rámon. Potestades regradas e potestades discricionais. In: ———. *Curso de Direito Administrativo*. São Paulo: Revista dos Tribunais, 1991, p. 395.

75 BANDEIRA DE MELLO, Celso Antônio. *Curso de Direito Administrativo*. 30ª edição. São Paulo: Malheiros, 2012. P. 436.

dotados de "certa imprecisão e por isso mesmo refratários a uma significação unívoca[76]".

RÉGIS FERNANDES DE OLIVEIRA perfilha-se ao entendimento de BANDEIRA DE MELLO, ao consignar que "a partir do momento em que não se têm os dados objetivos da firmeza da apuração da determinação do sentido da norma ingressa-se no campo da discricionariedade[77]".

Da mesma forma, ODETE MEDAUAR assinala que quando houver margem de escolha sem o uso de conhecimentos técnicos, há discricionariedade, enquanto que na hipótese de restar apenas uma escolha possível, haverá poder vinculado[78]. Para a professora, *"se a fórmula ampla, aplicada a uma situação fática, admitir margem de escolha de soluções, todas igualmente válidas e fundamentadas na noção, o poder discricionário se exerce[79]"*. De forma assemelhada propõe MARIA SYLVIA ZANELLA DI PIETRO[80].

Esta visão nos parece misturar interpretação e discricionariedade, bem diferenciadas por MARÇAL JUSTEN FILHO, no seguinte trecho, que nos é útil para refutar as posições aqui analisadas:

> A diferença entre interpretação e discricionariedade reside na opção adotada pelo legislador. A discricionariedade é um

---

76 BANDEIRA DE MELLO, *op. cit.*, p. 438.
77 OLIVEIRA, Regis Fernandes de. *Ato administrativo*. 5ª edição. São Paulo: Revista dos Tribunais, 2007. P. 99.
78 MEDAUAR, Odete. *Direito administrativo moderno*. 2ª edição. São Paulo: Revista dos Tribunais, 1998. P. 122.
79 MEDAUAR, Odete. *Direito administrativo moderno*. 2ª edição. São Paulo: Revista dos Tribunais, 1998. P. 125.
80 DI PIETRO, Maria Sylvia Zanella. *Direito administrativo*. 25ª edição. São Paulo: Atlas, 2012. P. 219.

modo de construção da norma jurídica, caracterizado pela atribuição ao aplicador do encargo de produzir a solução por meio de ponderação quanto às circunstâncias. Ou seja, a discricionariedade significa que a lei atribui ao aplicador o dever-poder de realizar a escolha.

Já a interpretação corresponde a uma tarefa de (re) construção de vontade normativa estranha e alheia ao aplicador. O intérprete não atribui sua conclusão a um juízo de conveniência próprio, mas ao sistema jurídico. Na interpretação, o aplicador não revela a vontade do legislador, mas a vontade legislativa que é determinada pelo sistema jurídico em si mesmo. Na discricionariedade, a vontade do aplicador é legitimada pelo direito, que não impôs uma solução predeterminada ao caso concreto[81].

Bem se sabe que o sistema em LUHMANN é cognitivamente aberto[82], isto é, permite que os textos institucionais do Direito se valham de termos que demandam outras ciências, mas tal ocorre por meio de conceitos (classificatórios ou tipológicos, conforme se verá), o que revela mera tarefa cognoscitiva. Por isso mesmo, quando realiza a interpretação, o administrador não participa do preenchimento do conteúdo normativo da proposição, mas apenas se valhe da ciência do direito para revelá-la.

Quando, todavia, discricionariamente, agrega normatividade, pelas vias institucionais do sistema autopoiético (submetido ao princípio da legalidade, na esfera de sua competência, com conteúdo adequado às normas hierarquicamente superiores, motivo, finalidade e formalidades

---

81 JUSTEN FILHO, Marçal. *Curso de Direito Administrativo*. 9ª edição. São Paulo: Revista dos Tribunais, 2013.

82 DERZI, Misabel Abreu Machado. *Modificações da jurisprudência: proteção da confiança, boa-fé objetiva e irretroatividade como limitações constitucionais ao poder judicial de tributar*. São Paulo: Noeses, 2009. P. 27

preenchidas, etc), já não mais realiza interpretação, mas sim criação de direito novo[83].

Não adotamos a discricionariedade potencial, portanto, porque não entendemos como equivalentes a dificuldade cognoscitiva e a discricionariedade.

3.1.3. A margem de livre apreciação

Segue-se que MARCELO REBELO DE SOUZA – tomado aqui como representante de vários outros importantes colaboradores[84] da doutrina brasileira e internacional porque a ele atribuímos a melhor das descrições apontadas a respeito da tese da "margem de livre apreciação" – invoca o princípio da separação dos poderes para justificar uma prerrogativa da Administração de, ao ter seus atos sindicados pelo Poder Judiciário, receber a deferência de ver respeitada a sua opção, quando não for possível

---

83 Tal, a capacidade de criar direito novo, é a atribuição típica dos Poderes constituídos. MISABEL ABREU MACHADO DERZI, em palestra perante o XXI Congresso da ABRADT, em outubro de 2017, lecionou: *"um Poder é aquele que cria a norma que aplica. Uma autoridade singela é quem aplica a norma que o outro poder cria, razão pela qual o Poder Judiciário é um Poder. Ministério Público e polícia são singelas autoridades."*. Disponível em https://www.youtube.com/watch?v=2S9kDiAY990&t=1585s. Acesso em 16/06/2018, às 17:10. Trecho da palestra entre 26'00" e 27'00" minutos do vídeo.

84 Cite-se, na mesma linha de entendimento: CASADO, Eduardo Gamero; RAMOS, Severiano Fernández. *Manual Básico de Derecho* Administrativo. 11ª edição. Madrid: Tecnos, 2014. P. 72; MEIRELLES, Hely Lopes. *Direito administrativo brasileiro*. São Paulo: Malheiros, 2001. P. 110/112.

ao juiz identificar se perante o caso concreto haveria ou não legalidade no ato da Administração[85].

Entre eles estariam os atos administrativos de aplicação dos termos plurissignificativos, que não levariam a uma discricionariedade no sentido próprio da expressão, mas sim a uma margem de apreciação dentro da qual, sendo razoável a aplicação dada pelo administrador, e faticamente muito difícil de se determinar a correção da decisão, o Poder Judiciário não poderia anular o ato, sob pena de substituir a própria função administrativa.

Embora se trate verdadeiramente de tese defensável, parece-nos que ela responde muito mais a uma questão processual, em relação à dilação probatória em que se analisa atos da Administração, do que verdadeiramente a uma diferenciação entre interpretação de termos vagos e a discricionariedade[86].

Por isso, resta evidente que, uma vez não tendo o autor de uma demanda judicial sido capaz de comprovar, em contraditório substantivo, que determinado ato da Administração Pública extrapolou os limites da legalidade, este não poderá ser invalidado, pois goza de presunção de legitimidade[87].

---

85 SOUSA, Marcelo Rebelo de; MATOS, André Salgado de. *Direito administrativo geral: introdução e princípios fundamentais*. Lisboa: Dom Quixote, 2004. P. 183 e ss.

86 Registro, por medida de honestidade intelectual e gratidão, que só pude perceber realmente a relação entre a teoria da margem de livre apreciação e a instrução probatória de um processo, após reunião com meu orientador, Prof. FLORIVALDO DUTRA DE ARAÚJO, a cujos argumentos aderi a tempo de depositar esta monografia perante o Colegiado da Faculdade de Direito da UFMG.

87 A propósito da presunção de validade dos atos dos Poderes Legislativo e Executivo, interessante a passagem de texto doutrinário de lavra do Ministro LUÍS ROBERTO BARROSO, para quem

Isto, porém, não tem relação com a ideia de discricionariedade, mas sim revela apenas uma solução que o sistema oferece para se reduzir a complexidade das controversias litigiosas. Por isso não poderemos, neste estudo acadêmico sobre o direito material envolvendo o artigo 25, II, da Lei 8.666/93, adotar uma visão processualista, como a teoria da margem de livre apreciação, embora possa ser utilizada em vários outros contextos.

3.1.4. A aplicação dos termos plurissignificativos como ato de interpretação do Direito que com base nele deve ser motivado

GARCÍA DE ENTERRÍA e FERNANDES, autores espanhóis aqui já referidos, denunciaram com propriedade que na aplicação dos "conceitos jurídicos indeterminados" não há discricionariedade porque a decisão administrativa não pode se guiar por indiferentes jurídicos[88], ao que FLORIVALDO DUTRA DE ARAÚJO complementa:

> A discricionariedade caracterizará um aspecto do ato administrativo se a norma de direito positivo regulá-lo de modo a indicar que, na apreciação do direito e das circunstâncias

---

"O poder judiciário, portanto, não é o único intérprete da Lei Maior, embora o sistema lhe reserve a primazia de dar a palavra final. Por isso mesmo, deve ter uma atitude de deferência para com a interpretação levada a efeito pelos outros dois ramos do governo, em nome da independência e da harmonia dos Poderes". In: BARROSO, Luís Roberto. *O novo direito constitucional brasileiro: contribuições para a construção teórica e prática da jurisdição constitucional no Brasil*. Belo Horizonte: Fórum, 2012. P. 166.

88 GARCÍA DE ENTERRÍA, Eduardo; FERNANDES, Tomás-Rámon. Potestades regradas e potestades discricionais. In: . *Curso de Direito Administrativo*. São Paulo: Revista dos Tribunais, 1991, p. 395.

em que este se faz aplicável, está o administrador diante de número determinado ou indeterminado de opções que se caracterizam como indiferentes jurídicos, ou seja, ao direito é irrelevante que o administrador adote esta ou aquela alternativa[89].

Neste contexto, se adotamos a visão sistêmica de CANARIS como uma ordem de unidade interna e valor axiológico, e as noções de LUHMAN a respeito da auto referenciabilidade do sistema autopoiético, certo é que na interpretação dos termos plurissignificativos não haverá espaço para a discricionariedade porque não se tratará de uma seara da aplicação dos indiferentes jurídicos, mas sim do próprio Direito, o qual a Constituição determina ao Poder Judiciário que proteja, sem exceção (art. 5º, XXXV).

Logo, adotamos a concepção de FLORIVALDO DUTRA DE ARAÚJO para afirmar que a discricionariedade só subsistirá quando forem autorizados os (juízos) indiferentes jurídicos, sendo certo que esta própria oportunidade será determinada pelo Direito e não pelo intérprete.

Assim, a discricionariedade sempre residirá no âmbito do consequente da norma jurídica, e não no antecedente, segundo as clássicas formas de organização das proposições jurídicas. Em outras palavras, o administrador só estará livre para decidir com base em argumentos extra-jurídicos quando o sistema lhe autorizar expressamente, acometendo-se-lhe a prescrição jurídica de decidir.

Nessa linha de pensamento, a motivação constitui elemento central do ato administrativo vinculado, conforme leciona ARAÚJO:

---

89 ARAÚJO, *op. Cit.*, p. 116.

A motivação tem o papel de demonstrar que a interpretação se deu segundo a lógica do razoável, que os fatos pressupostos do ato existem e são aptos a deflagrar os efeitos determinados, que o agente tinha competência para atuar, que há coerência entre o motivo e o conteúdo, em vista da finalidade legal. É pela motivação que o administrador buscará persuadir os destinatários do ato e a comunidade em geral de que sua decisão é a melhor. Com ela, e demais subsídios, o controlador do ato terá meios para verificar a sua razoabilidade, ou seja, sua validade perante a ordem jurídica[90].

Estabelecidos, portanto, os marcos essenciais a respeito do emprego dos termos plurissignificativos, torna-se imprescindível agora acrescer algumas compreensões a respeito da maneira como os conceitos e tipos funcionam no ordenamento jurídico, para, aí então, analisar o caso concreto do artigo 25, II, da Lei 8.666/93.

3.2. OS "CONCEITOS JURÍDICOS INDETERMINADOS" PODEM SER CONCEITOS CLASSIFICATÓRIOS OU TIPOS. A FORMA DE RACIOCINAR POR TIPOS

Viu-se em EDUARDO GARCÍA DE ENTERRÍA e TOMÁS-RÁMON FERNANDES que

> Se o próprio de todo conceito jurídico indeterminado, em qualquer setor do ordenamento, é que sua aplicação só permite uma única solução justa, o exercício de uma potestade discricional permite, pelo contrário, uma pluralidade de soluções

---

90 ARAÚJO, Florivaldo Dutra de. *Discricionariedade e motivação do ato administrativo*. In: LIMA, Sérgio Mourão Corrêa. Temas de Direito Administrativo: estudos em homenagem ao Professo Paulo Neves de Carvalho. Rio de Janeiro: Forense, 2006. P. 122.

justas ou, em outros termos, optar entre alternativas que são igualmente justas desde a perspectiva do Direito[91].

Embora concordando com o ponto de partida estabelecido, ousamos ao ponto de vista destes autores espanhóis acrescentar que, em um sistema jurídico que comporta unidades móveis, da forma como desenhado por CANARIS, a única solução justa perante o Direito, para a aplicação de um conceito jurídico indeterminado pode ser ou (i) única para cada contexto jurídico e fático também únicos, ou (ii) única propriamente dita.

Os termos plurissignificativos podem ser utilizados no âmbito da formulação de um conceito classificatório fechado, ou de um tipo. Nossa posição, todavia, não se aproxima da concepção de CELSO ANTÔNIO BANDEIRA DE MELLO, que demonstra raciocinar ao estilo, ainda que com sua exuberante intelectualidade e especial sofisticação, da Jurisprudência dos Conceitos, isto é, pela forma tradicional lógico-dedutiva que entende que o conceito está pronto e acabado dentro do texto normativo e que sua aplicação *in concreto* depende tão somente do exercício congnoscitivo da verificação das condições da realidade fática, para, possivelmente, ocorrer a subsunção do fato à norma. Este raciocínio não abarca os tipos.

Somamos às noções já assentadas de discricionariedade, controle jurisdicional e interpretação/aplicação dos "conceitos jurídicos indeterminados" a existência do raciocínio tipológico, a seguir brevemente tratado.

---

91 GARCÍA DE ENTERRÍA, Eduardo; FERNANDES, Tomás-Rámon. *Potestades regradas e potestades discricionais*. In:————. *Curso de Direito Administrativo*. São Paulo: Revista dos Tribunais, 1991, 394.

3.2.1. O raciocínio por conceitos classificatórios fechados, a subsunção e as forças imóveis do modelo sistêmico de CANARIS

CANARIS reconhece que em um sistema jurídico, e especialmente no sistema jurídico alemão de sua época, predominam as estruturas imóveis[92], entendidas como aquelas que agregam maior segurança jurídica e restritividade à sua aplicação. Trata-se, conforme leciona DERZI[93], de conceitos classificatórios, fechados, que trabalham com o "*tertium non datur*", isto é, a forma de pensar "...ou..."[94], em que o fato ou se subsume à norma, ou não.

No modo de raciocinar por conceitos, que é comumente referido pela literatura jurídica latina como "tipicidade", ocorre o reforço da segurança jurídica para empregar conceitos fechados, classificatórios, que operam por subsunção. Segundo LEENEN, no relato de ANDRÉ MENDES MOREIRA e JAMIR CALILI RIBEIRO, "está-se mais próximo de um conceito se este possuir características necessárias e irrenunciáveis[95]".

---

92 CANARIS, Claus-Wilhelm. *Pensamento sistemático e conceito de sistema na Ciência do Direito*. Lisboa: Fundação Calouste Gulbekian, 1996 p. 134.

93 DERZI, Misabel Abreu Machado. *Modificações da jurisprudência: proteção da confiança, boa-fé objetiva e irretroatividade como limitações constitucionais ao poder judicial de tributar*. São Paulo: Noeses, 2009. p. 142/144.

94 Idem, 2009 p. 142/144.

95 É o que nos ensinam MOREIRA, André Mendes; RIBEIRO, Jamir Calili. *Metodologia do Direito Tributário e o modo de raciocinar por tipos e por conceitos*. In: COÊLHO, Sacha Calmon Navarro (Coord.). Segurança Jurídica: irretroatividade das decisões judiciais prejudiciais aos contribuintes. Rio de Janeiro: Forense, 2013.

Os conceitos classificatórios, portanto, apresentam características suficientes e necessárias para realizar a operação por meio da subsunção do fato à norma, de modo a remeter realmente a um conceito jurídico bem determinado. Esta forma de raciocinar é própria das áreas do direito que não comportam a interpretação analógica, como o Direito Tributário, o Direito Penal, no Brasil referidos como legalidade estrita, ou mesmo qualquer outro campo do Direito que represente graves restrições a direitos fundamentais.

Exemplificativamente, veja-se o teor do artigo 1º, inciso I, alínea "g" da Lei Complementar nº 64/90[96], que trata das inelegibilidades. Recorde-se, antes de mais nada, que a elegibilidade é a regra, para o exercício do direito político passivo, e que para que a exceção incida, é necessário estarem presentes todos os elementos previstos na Lei

---

526. In verbis: "Como se pode dessumir, do ponto de vista etimológico, os tipos não são fechados como pressupõe a doutrina jurídica latina".

96 Art. 1º São inelegíveis:

I - para qualquer cargo:

g) os que tiverem suas contas relativas ao exercício de cargos ou funções públicas rejeitadas por irregularidade insanável que configure ato doloso de improbidade administrativa, e por decisão irrecorrível do órgão competente, salvo se esta houver sido suspensa ou anulada pelo Poder Judiciário, para as eleições que se realizarem nos 8 (oito) anos seguintes, contados a partir da data da decisão, aplicando-se o disposto no inciso II do art. 71 da Constituição Federal, a todos os ordenadores de despesa, sem exclusão de mandatários que houverem agido nessa condição; (Redação dada pela Lei Complementar nº 135, de 2010)

Complementar[97]. A hipótese normativa em questão revela um conceito classificatório, totalmente fechado. Para que incida a inelegibilidade, é necessário o concurso de todas as seguintes circunstâncias:

a) ser responsável por contas que tiverem sido rejeitadas;

b) a rejeição deve ser, apenas, por irregularidade insanável;

c) a irregularidade não basta ser insanável, pois precisa configurar ato doloso de improbidade administrativa;

d) a decisão que declara essa rejeição deve ser irrecorrível;

e) não pode estar suspensa ou anulada pelo Poder Judiciário.

Note-se que, ausente qualquer uma das características acima, a Justiça Eleitoral não pode – embora infelizmente o faça algumas vezes – reconhecer a inelegibilidade de candidato. Por isso, se determinado agente público tiver suas contas rejeitadas, mas a irregularidade for sanável, ele não estará inelegível. Ainda que seja insanável, mas se não tiver agido com dolo, não incidirá a norma para restringir seus direitos políticos.

---

97 Constituição Federal.
Artigo 14.
§ 9º Lei complementar estabelecerá outros casos de inelegibilidade e os prazos de sua cessação, a fim de proteger a probidade administrativa, a moralidade para exercício de mandato considerada vida pregressa do candidato, e a normalidade e legitimidade das eleições contra a influência do poder econômico ou o abuso do exercício de função, cargo ou emprego na administração direta ou indireta.

Quando do emprego desta forma de raciocinar, por conceitos fechados, ocorre a única solução justa propriamente dita, que é universal, isto é, será sempre aplicável aos casos concretos da mesma maneira, devendo o intérprete apenas verificar se o caso concreto coincide com a hipótese normativa previamente identificada, ou não (*"tertion non datur"*).

3.2.2. O raciocínio por tipos jurídicos e as forças móveis do modelo sistêmico de CANARIS

Diversamente ocorre na hipótese dos tipos jurídicos, cujas notas características são "a abertura, a gradação, o sentido, a inteireza e a aproximação da realidade[98]".

MISABEL ABREU MACHADO DERZI aponta que

> A rigor, os tipos propriamente ditos são conceitos abertos, em que a aproximação à realidade, as características e notas conceituais numerosas são renunciáveis, exatamente para que se possam ordenar flexivelmente as espécies. Mas é necessário que a ordem positiva os consagre. É ela que prevê que uma vez faltantes algumas características, mesmo assim, sejam válidas as formas fluidas e transitivas, como nos contratos[99].
> ... o tipo é necessariamente uma abstração como o conceito, embora amplamente determinada. Por ser uma abstração, há de colher não o indivíduo isolado, em sua ininteligível concretude, mas o que há de comum ou repetitivo em um grupo, selecionando as características relevantes, segundo o ponto de vista normativo[100].

---

98 MOREIRA, André Mendes; RIBEIRO, Jamir Calili, *op. cit*, p. 525.

99 DERZI, Misabel Abreu Machado. *Modificações da jurisprudência: proteção da confiança, boa-fé objetiva e irretroatividade como limitações constitucionais ao poder judicial de tributar.* São Paulo: Noeses, 2009. P. 111/112.

100 DERZI, *op. cit.*, p. 119.

É necessário, desde já, frisar a diferença do tipo em relação ao conceito classificatório no que se refere à renunciabilidade de suas características para se tornar aplicável. Como se trata de um meio de realizar prescrições jurídicas que se orientam pelo pensamento de ordem, o raciocínio tipológico admite que, embora a hipótese normativa tenha um núcleo mínimo de características, "este núcleo não se encontra sempre na mesma combinação de características em todos os seus objetos[101]". Veja-se a representação desenhada por DERZI:

> Se o tipo, em determinado momento, tem como notas A, B, C, D (embora sua potencialidade não se esgote), típico será o objeto que, ordenando-se ao tipo, contiver as características A, B, C, D, assim como os demais, nos quais se apresentem tais notas em número, combinações e intensidades não rígidos. Tais características são, pois, renunciáveis e se combinam de forma diversa, em diferentes graus de intensidade.

DERZI complementa, com sua peculiar preocupação com o Direito Tributário, que o método tipológico de raciocinar só é válido se for logicamente compatível com as estruturas das proposições prescritivas do Direito, isto é, se se tratar de uma área do Direito que comporta o pensamento de ordem[102]. Segundo a professora, o tipo é um conjunto aberto, elástico, de características não limitadas, renunciáveis, de modo a permitir que mesmo que ausentes em alguns objetos ainda se possa tê-los como típicos[103]. Desta forma, a incidência do

---

101 DERZI, op. cit., p. 125.

102 DERZI, Misabel Abreu Machado. *Modificações da jurisprudência: proteção da confiança, boa-fé objetiva e irretroatividade como limitações constitucionais ao poder judicial de tributar.* São Paulo: Noeses, 2009. P. 131.

103 DERZI, Misabel de Abreu Machado. *Direito Tributário, Direito Penal e Tipo.* São Paulo: Editora Revista dos Tribunais, 1988. P. 51.

tipo é gradativa, revelando-se a forma de raciocinar "mais ou menos"[104], portanto ao contrário do "...ou ... ou" dos conceitos classificatórios.

A respeito da relação entre o modo de raciocinar tipificante e o caráter móvel do sistema de CANARIS, MISABEL ABREU MACHADO DERZI leciona com propriedade:

> Aproxima-se, o sistema móvel, dos tipos, que são plenos de notas determinadas e também claras ou dos resíduos tipológicos, já que sua aplicação é restrita a certos espaços físicos. Não se confunde, diz CANARIS, o sistema móvel (assim como o tipo, diremos nós) com as cláusulas gerais, que são vazias, indeterminadas e carecem de valoração. Com as cláusulas gerais, o sistema móvel guarda a afinidade da fluidez e da flexibilidade. Por isso, o sistema móvel não é cláusula geral (assim como o tipo também não o é). (...).
> Mas interessa ainda destacar que, naqueles sítios onde se impõem a igualdade e as diferenciações relevantes, a ordem jurídica autoriza o sistema móvel, em que os elementos se combinam em número e intensidade variável, tudo disponível para abarcar as fluidas transições de um caso concreto a outro[105].

São exemplos de tipos as disposições do código civil brasileiro em relação aos contratos, conforme a hipótese trazida por MISABEL ABREU MACHADO DERZI, do contrato celebrado entre o cidadão e um shopping center[106].

---

104 DERZI, Misabel de Abreu Machado. *Direito Tributário, Direito Penal e Tipo.* São Paulo: Editora Revista dos Tribunais, 1988. P. 51.

105 DERZI, Misabel Abreu Machado. *Modificações da jurisprudência: proteção da confiança, boa-fé objetiva e irretroatividade como limitações constitucionais ao poder judicial de tributar.* São Paulo: Noeses, 2009. p. 163/165.

106 Cf. DERZI, *op. cit.,* p. 164.

O pensamento de ordem, portanto, é incompatível com a Jurisprudência dos Conceitos, pois esta opera apenas mediante a subsunção, enquanto que no método tipológico há espaço para a gradação, do mais ao menos típico, permitindo que componham agrupamento do típico fatos jurígenos que não são exatamente iguais ao núcleo fixo de todas as características exatas do tipo. Na espécie, existe uma solução unívoca imprópria, que significa que é *única para cada contexto jurídico e fático também únicos*, sendo impossível a sumarização das hipóteses de incidência do tipo.

O destaque que DERZI dá à aplicabilidade do raciocínio tipológico nas áreas do Direito que reclamam a influência da justiça e da igualdade[107] nos serão bastante relevantes, conforme se verá.

3.2.3. A diferença entre os termos plurissignificativos que exprimem conceitos classificatórios e tipos que se utilizam de termos plurissignificativos em sua construção textual

Ainda que diagonalmente, até porque não era este o centro de sua análise, MARCELO REBELO DE SOUSA destacou que a doutrina portuguesa – cita SÉRVULO CORREIA – fora influenciada por W. SCHMIDT, autor que pressupunha que os termos plurissignificativos poderiam reclamar a aplicação de dois tipos de raciocínios[108]. Seria o raciocínio próprio dos conceitos classificatórios quando apenas "dificulda-

---

107 Cf. DERZI, *op. cit.*, p. 164.
108 SOUSA, Marcelo Rebelo de; MATOS, André Salgado de. *Direito administrativo geral: introdução e princípios fundamentais*. Lisboa: Dom Quixote, 2004. P. 185.

des linguísticas[109]" desafiassem o intérprete, enquanto que nos casos de termos "marcados por uma abertura à facticidade[110]", caberiam as avaliações casuísticas, próprias dos conceitos tipológicos.

EROS ROBERTO GRAU afirma que "os conceitos jurídicos que se apontam como 'indeterminados' são os *tipológicos* (*fattispecie*)[111]". A esta noção acrescenta o autor considerações, às quais referencia e posteriormente critica, que nos distanciam um tanto de nosso marco teórico, forte na noção de autopoiésis do Direito aduzida por LUHMANN, ao consignar que, para determinados juristas, os termos vagos, carentes de determinação, devem ser preenchidos "com dados extraídos da realidade[112]", "inclusive na consideração das concepções políticas predominantes[113]".

GRAU critica esta proposta aduzindo que é mais correto se referir aos "conceitos jurídicos indeterminados" como noções[114], às quais ele próprio atribui a compatibilidade do raciocínio tipológico, no bojo do qual "o intérprete opera mediante a formulação de juízos de legalidade, em cujo processo maneja texto e fatos[115]". Como se vê, GRAU, neste

---

109 SOUSA, *op. cit.*, p. 185.
110 SOUSA, *op. cit.*, p. 185.
111 GRAU, Eros Roberto. *Por que tenho medo dos juízes (a interpretação/aplicação do direito e os princípios)*. São Paulo: Malheiros Editores LTDA., 2017. P 160
112 GRAU, *op. Cit.*, p. 160.
113 GRAU, *op. Cit.*, p. 160.
114 Cf. GRAU, *op. Cit.*, p. 163.
115 GRAU, *op. Cit.*, p. 163.

ponto[116], é convergente com a visão de sistêmica de CANARIS e LUHMANN, pois, segundo ele, os juízos que se devem realizar no raciocínio dos "*fattispecie*" são avaliações jurídicas e não extra-jurídicas. Coerente também com a concepção adotada por ARAÚJO, quando realiza sua conceituação restrita a respeito da discricionariedade[117].

De modo similar, embora nos pareça mais científico, DERZI destaca que "conceitos jurídicos indeterminados", isoladamente, tendem a não ser tipos, pois aqueles são vagos em sua caracterização enquanto que estes são ricos em notas relativas à realidade. Todavia, destaca que não apenas as próprias normas que se relacionam com o termo plurissignificativo podem acrescentar notas de realidade e concreção que o possam aproximar da realidade, como também atos normativos regulamentares ("orientações internas administrativas") e a própria Ciência do Direito[118].

---

116 Faz-se questão de realizar este registro, a "este ponto", porque EROS ROBERTO GRAU admite que, mesmo no âmbito do juízo de legalidade, o intérprete opera com "prudência", o que é uma virtude que envolve aspectos subjetivos do aplicador do Direito, proposta esta que diverge em tanto da noção de sistema axiológico e ordenado, autopoiético, de LUHMANN e CANARIS. Cf. GRAU, *op. Cit.*, p. 163. Não são, todavia, totalmente dissociadas de nosso marco teórico as concepções adotadas por EROS ROBERTO GRAU.

117 Cf. ARAÚJO, *op. Cit.*

118 DERZI, Misabel Abreu Machado. *Modificações da jurisprudência: proteção da confiança, boa-fé objetiva e irretroatividade como limitações constitucionais ao poder judicial de tributar.* São Paulo: Noeses, 2009. p. 148.

A partir deste método, então, passa-se a traçar critérios, conferir notas e características ao conceito[119], aproximando-se o termo vago do tipo, agregando-lhe aptidão para ser aplicado de modo criterioso aos casos concretos individuais, de modo flexível e gradativo. Aí então o termo indeterminado se torna um tipo[120].

Logo, haverá conceitos classificatórios fechados quando a aplicação dos "conceitos jurídicos indeterminados" exigir tão somente a verificação cognoscitiva dos próprios termos plurissignificativos, isoladamente. Por exemplo, o artigo 149 do código penal brasileiro[121], pela locução "condições degradantes de trabalho" revela um termo plurissignificativo, cujo sentido poderá ser revelado mediante o estudo do direito do trabalho. Porém, a condição de norma penal exige uma hipótese normativa estrita, em que seja possível destacar os contornos essenciais do conceito, em abstrato, para depois aplicá-lo ao caso concreto, e verificar a ocorrência ou não da subsunção.

---

119 DERZI, Misabel Abreu Machado. *Modificações da jurisprudência: proteção da confiança, boa-fé objetiva e irretroatividade como limitações constitucionais ao poder judicial de tributar.* São Paulo: Noeses, 2009. p. 148.

120 DERZI, Misabel Abreu Machado. *Modificações da jurisprudência: proteção da confiança, boa-fé objetiva e irretroatividade como limitações constitucionais ao poder judicial de tributar.* São Paulo: Noeses, 2009. p. 148.

121 Art. 149. Reduzir alguém a condição análoga à de escravo, quer submetendo-o a trabalhos forçados ou a jornada exaustiva, quer sujeitando-o a condições degradantes de trabalho, quer restringindo, por qualquer meio, sua locomoção em razão de dívida contraída com o empregador ou preposto: (Redação dada pela Lei nº 10.803, de 11.12.2003) Pena - reclusão, de dois a oito anos, e multa, além da pena correspondente à violência.

Diversamente, haverá tipos jurídicos quando a aplicação dos "conceitos jurídicos indeterminados" for acompanhada de diversos outros traços a respeito da realidade fática que exija do operador do direito a realização de análises casuísticas, em que seja impossível sumariar as hipóteses normativas previamente. É o caso da analise quanto à licitude dos contratos privados, em que não é possível estabelecer uma lista fechada de hipóteses em que o exercício da liberdade contratual viola a função social dos contratos[122]. Neste caso, em razão da impossibilidade de verificação da única ou das únicas hipóteses de aplicação da norma, o raciocínio não opera pela subsunção, mas pela interpretação argumentativa teleológica inerente ao sistema de forças móveis, como aqui se adota com esforço em CANARIS.

Além disso, os tipos jurídicos ou os conceitos classificatórios são norma jurídica que com o texto normativo não se confundem[123]. Assim, com fundamento em LOURIVAL VILANOVA[124], certo é que "nem sempre está a proposição normativa em toda a sua integridade num só artigo de lei ou decreto; nem sempre toda uma norma se encontra presente num dispositivo da Constituição ou de um estatuto de ente público ou privado".

---

[122] Código Civil brasileiro. Art. 421. A liberdade de contratar será exercida em razão e nos limites da função social do contrato.

[123] Cf. GRAU, Eros Roberto. *Por que tenho medo dos juízes (a interpretação/aplicação do direito e os princípios)*. São Paulo: Malheiros Editores LTDA., 2017. P 39 e ss.

[124] VILANOVA, Lourival. *Lógica Jurídica*. São Paulo: José Bushatsky, 1976. P. 113.

A própria MISABEL ABREU MACHADO DERZI apontou que um conjunto de normas pode prescrever o tipo[125], o que significa dizer que o tipo em si é a prescrição jurídica, e não o texto, as palavras, ou, por último, os signos, para utilizar a expressão de FLORIVALDO DUTRA DE ARAÚJO[126].

Disso se pode concluir que é necessária uma interpretação sistemática, em outras palavras, uma "visão do todo", para verificar se os termos plurissignificativos estão vinculados a um conceito classificatório ou a um tipo.

Estão maduras as ideias teóricas para tratar do exemplo prático escolhido.

---

125 Cf. DERZI, *op. cit*, p. 119. *In verbis*: "As caraterísticas do tipo como abertura, gradação, inteireza, sentido a aproximação à realidade são modeladas na norma ou normas que o prescrevam". Veja-se que a autora fez questão de utilizar o termo "normas" no plural, exatamente pressupondo a distinção entre texto e norma, no mesmo sentido já referido por EROS ROBERTO GRAU e LOURIVAL VILANOVA, cujas obras já foram citadas nesta monografia.

126 ARAÚJO, *op. cit*.

4. A POSSIBILIDADE JURÍDICA DA CONTRATAÇÃO DE ADVOGADO PRIVADO PELA ADMINISTRAÇÃO PÚBLICA MUNICIPAL

Para expor uma concepção científica a respeito da forma de contratação de serviços jurídicos no âmbito dos Municípios, é necessário, antes, verificar se os entes locais podem contratar Advogados privados. Veja-se que aqui ainda não se está adentrando à hipótese da contratação direta ou mediante licitação. Trata-se, ainda, de uma nota preambular.

Sabidamente, a Constituição da República, em qualquer de seus dispositivos, não tratou da instituição de uma procuradoria jurídica dos Municípios. Refere-se, apenas, nos artigos 131 e 132, à Advocacia Geral da União e às Advocacias Públicas dos Estados[127].

---

127 Art. 131. A Advocacia-Geral da União é a instituição que, diretamente ou através de órgão vinculado, representa a União, judicial e extrajudicialmente, cabendo-lhe, nos termos da lei complementar que dispuser sobre sua organização e funcionamento, as atividades de consultoria e assessoramento jurídico do Poder Executivo.

§ 1º A Advocacia-Geral da União tem por chefe o Advogado-Geral da União, de livre nomeação pelo Presidente da República dentre cidadãos maiores de trinta e cinco anos, de notável saber jurídico e reputação ilibada.

§ 2º O ingresso nas classes iniciais das carreiras da instituição de que trata este artigo far-se-á mediante concurso público de provas e títulos.

§ 3º Na execução da dívida ativa de natureza tributária, a representação da União cabe à Procuradoria-Geral da Fazenda Nacional, observado o disposto em lei.

Art. 132. Os Procuradores dos Estados e do Distrito Federal, organizados em carreira, na qual o ingresso dependerá de concurso público de provas e títulos, com a participação da Ordem

Isso não significa, contudo, que a União Federal ou os Estados-membros estejam impedidos de contratar serviços jurídicos de um profisisonal autônomo. A nosso sentir, a súmula 01 da Comissão Nacional da Advocacia Pública da Ordem dos Advogados do Brasil, adiante transcrita, que, sabe-se, possui apenas significação interpretativa, e não prescritiva, transborda em muito o sentido do texto constitucional, senão vejamos:

> Súmula 1 - O exercício das funções da Advocacia Pública, na União, nos Estados, nos Municípios e no Distrito Federal, constitui atividade exclusiva dos advogados públicos efetivos a teor dos artigos 131 e 132 da Constituição Federal de 1988.

Registra-se isso porque, como regra, qualquer unidade de trabalho a que se atribui uma função pública criada por lei, o que é próprio dos cargos públicos, pode ter suas atribuições delegadas ao particular. As exceções, sabe-se, são muitas, mas precisam estar veiculadas normativamente para produzirem efeitos, sob pena de se desvelar um debate de natureza política ou moral, o qual deve-se evitar em propostas científicas como esta, pela razões expostas no capítulo 2, subtítulo 2.1 deste trabalho (MORAL, DIREITO, CIÊNCIA DO DIREITO E A RAZÃO DA INTERPRETAÇÃO JURÍDICA).

Assim, verifica-se que a Lei 8.666/93, que dispõe sobre licitações e contratações públicas, portanto exatamente a respeito da contratação de serviços terceirizados, em seu artigo 13, incisos II e principalmente V, refere-se a ativi-

---

dos Advogados do Brasil em todas as suas fases, exercerão a representação judicial e a consultoria jurídica das respectivas unidades federadas. Parágrafo único. Aos procuradores referidos neste artigo é assegurada estabilidade após três anos de efetivo exercício, mediante avaliação de desempenho perante os órgãos próprios, após relatório circunstanciado das corregedorias.

dades privativas da advocacia, conforme art. 1º, incisos I e II do Estatuto da Advocacia e da Ordem dos Advogados do Brasil[128]. Não nos parece, contudo, que deva ser dada interpretação conforme à Constituição com redução de texto para suprimir estes dispositivos, e consequentemente impedir sua aplicabilidade nos Estados-membros e na União Federal, matéria sobre a qual, relembre-se, o Supremo Tribunal Federal já teve a oportunidade de se pronunciar[129].

Trata-se, pois, de uma expressa autorização, veiculada em norma geral de contratação pública, no sentido da possibilidade de contratação de serviços de Advocacia, a serem prestados por profissional estranho ao quadro próprio de servidores.

No caso dos Municípios, de modo mais agudo, a ausência de previsão constitucional da Procuradoria Jurídica pode ser interpretada como um indicativo da inviabilidade própria dos Municípios de proverem um quadro de pessoal para tanto, no âmbito de sua reduzida autonomia financeira. Este argumento, entretanto, demandaria a pesquisa da vontade psicológica do legislador, a qual já refutamos como método

---

128 Lei Federal 8.904/1994.
   Art. 1º São atividades privativas de advocacia:
   I - a postulação a órgão do Poder Judiciário e aos juizados especiais;
   II - as atividades de consultoria, assessoria e direção jurídicas.

129 ADI 927 MC, Relator(a): Min. CARLOS VELLOSO, Tribunal Pleno, julgado em 03/11/1993, DJ 11-11- 1994 PP-30635 EMENT VOL-01766-01 PP-00039. Apesar de neste julgado ter sido dada interpretação conforme apenas em relação às disposições relativas ao regime dos bens públicos, certo é que o pedido era mais amplo, no sentido da inconstitucionalidade total da lei, o que não foi reconhecido pelo Tribunal.

isolado de interpretação, com esforço em LARENZ[130], por adotarmos o conceito de sistema de CANARIS, em que a interpretação teleológica, voltada para a função social-normativa da norma, é mais relevante.

Mais correto nos parece deduzir do ordenamento que apesar de incumbir de fato ao advogado público a representação judicial dos entes federados e suas pessoas jurídicas descentralizadas (por força da própria lei de criação dos cargos, e não pelo vínculo de mandato próprio dos Advogados privados), nada impede que o ente delegue a um particular esta execução, pois esta autorização já está veiculada diretamente em normas gerais de contratação pública (Lei 8.666/93).

Isto não significa, entretanto, que esta regra seja intransponível. Os entes públicos podem, no exercício de sua capacidade de auto-normatização atribuída pela Constituição da República, proibir a contratação de serviços jurídicos terceirizados. Esta, contudo, será a exceção.

MARÇAL JUSTEN FILHO tece considerações interessantes a respeito do tema, ainda sem entrar na análise quanto à forma de contratação:

> Existem algumas atividades advocatícias cujo exercício pressupõe a integração do sujeito na estrutura estatal. São casos em que a lei reserva o desempenho da função para um sujeito titular de cargo público. Em tais hipóteses, a terceirização dos serviços advocatícios não é admissível. Fora deles, no entanto,

---

130 Cf. LARENZ, Karl. *Metodologia da Ciência do Direito*. 3ª edição. Lisboa: Fundação Calouste Gulbenkian, 1997.

a decisão sobre a terceirização poderá ser adotada, mediante a observância dos requisitos próprios[131].

Desde, no mínimo, 1.998, ADILSON ABREU DALLARI registrou que mesmo no caso dos Estados e do Distrito Federal, a obrigatoriedade de criação de procuradorias para as tarefas usuais e corriqueiras de consultoria e representação judicial não é incompatível com a contratação esporádica de advogados paara determinados serviços[132].

Não por outro motivo o Ministro LUÍS ROBERTO BARROSO consignou no Inquérito 3074[133], proveniente de Santa Catarina, julgado em 26/08/2014, que "o fato de a entidade pública contar com quadro próprio de procuradores não obsta legalmente a contratação de advogado particular para a prestação de serviço específico[134]". Em nosso sentir, este julgamento pacificou esta discussão, especialmente em razão da autoridade da Corte que o exarou.

---

131 JUSTEN FILHO, Marçal. *Comentários à lei de licitações e contratos administrativos*. 17ª edição. São Paulo: Editora Revista dos Tribunais, 2016.

132 DALLARI, Adilson Abreu. *Contratação de serviços de advocacia pela Administração Pública*. Brasília: Revista de Informação Legislativa do Senado Federal, 1998. P. 50. Disponível em: http://www2.senado.leg.br/bdsf/bitstream/handle/id/416/r140-05.pdf?sequence=4. Acesso em 14:06 de 17/06/2018.

133 Inq 3074, Relator(a): Min. ROBERTO BARROSO, Primeira Turma, julgado em 26/08/2014, ACÓRDÃO ELETRÔNICO DJe-193 DIVULG 02-10-2014 PUBLIC 03-10-2014.

134 Inq 3074, Relator(a): Min. ROBERTO BARROSO, Primeira Turma, julgado em 26/08/2014, ACÓRDÃO ELETRÔNICO DJe-193 DIVULG 02-10-2014 PUBLIC 03-10-2014. Acórdão, fl. 8. Registre-se que o termo "específico" está contextualizado com a hipótese em julgamento naquela oportunidade, que era uma contratação direta, em inexigibilidade de licitação.

Superados eventuais questionamentos relativos à possibilidade jurídica de "terceirização" (aqui utilizado o termo na acepção ampla da palavra) de serviços advocatícios, mesmo quando existir corpo próprio de procuradores efetivos, cumpre agora tratar da forma de contratação destes serviços.

5.
O PRECEITO NORMATIVO DO ARTIGO 25, II, DA LEI 8.666/93. A SINGULARIDADE DA ATIVIDADE ADVOCATÍCIA E A NORMA JURISPRUDENCIAL EM VIGOR

5.1. O PRECEITO NORMATIVO DO ARTIGO 25, II, DA LEI 8.666/93

O dispositivo[135] legal em análise pressupõe contexto em que a realização da licitação seria impossível, ao contrário do que ocorre no âmbito das hipóteses de dispensa de licitação, em que o certame é possível e o legislador permite que o administrador não o realize.

Ao se investigar parâmetros úteis para definir as hipóteses em que a licitação será meio inviável para satisfazer o interesse público, percebe-se de pronto que a Lei estabelece dois requisitos mínimos para a contratação direta: a notória especialização do profissional e a singularidade dos serviços.

No âmbito da contratação de serviços jurídicos, dificilmente se sustenta o argumento de que apenas um único profissional conseguiria executar a demanda de modo satisfatório, na medida em que há expressivo número de Advogados especializados nas várias áreas do direito público, o que abre um leque de possibilidades muito amplo, e afasta a afirmação de que apenas um único profissional estaria habilitado para elaborar determinado parecer, ou patrocinar certa causa judicial, o que provocou uma pacificação na jurisprudência, hoje consolidada, orientada pelo SUPREMO

---

135 Art. 25. É inexigível a licitação quando houver inviabilidade de competição, em especial: (…). II - para a contratação de serviços técnicos enumerados no art. 13 desta Lei, de natureza singular, com profissionais ou empresas de notória especialização, vedada a inexigibilidade para serviços de publicidade e divulgação;

TRIBUNAL FEDERAL desde, no mínimo, o ano de 2006[136], no sentido de que não é a existência de um único profissional apto a realizar os serviços que torna a licitação inviável.

Posto isto, sobra-nos concluir que a inviabilidade de competição reside nos casos de contratação de serviços jurídicos de natureza singular, circunstância na qual o legislador autoriza a Administração a escolher discricionariamente o profissional, adstrita a restrições principiológicas, da própria Lei e do caso concreto.

Este estudo, portanto, se concentrará primeiro em determinar em quais hipóteses a contratação de serviços advocatícios, nos Municípios, por meio de licitação pública, é inviável.

5.2. A SINGULARIDADE DA ATIVIDADE ADVOCATÍCIA

Sobre a hipótese de inviabilidade de competição, registra-se que, conforme leciona ALBERTO ZACHARIAS TORON, "pelo próprio Estatuto da Ordem dos Advogados do Brasil e também pelo Código de Ética e Disciplina seria vedado ao advogado participar de procedimentos licitatórios[137]", porque a competição para contratação de advogado encontra barreiras na recomendação de discrição e sobriedade prevista nos artigos 28 e 29, a incompatibilidade com pro-

---

136 No julgamento do HC 86.198-9/PR, em 17/04/2007, o relator, Ministro Sepúlveda Pertence, cita voto do Ministro Eros Grau na Ação Penal 348, julgada em 2006, em que anotou "a propósito do equívoco segundo o qual a notória especialização apenas se manifestaria quando inexistissem outras empresas ou pessoas capazes de prestar os mesmos serviços".

137 TORON, Alberto Zacharias, e SZAFIR, Alexandra Lebelson. *Prerrogativas Profissionais do Advogado*. 3ª Edição. Editora Atlas. São Paulo, 2010. P. 121.

cedimento de mercantilização expressa no artigo 5°, e de inculcação ou captação de clientela referidos no artigo 7°, todos do Código de Ética[138], bem como nos artigos 34, IV, do Estatuto da Advocacia[139] que veda ao advogado o ato de "angariar ou captar causas". De modo convergente também já se manifestou HELY LOPES MEIRELLES[140].

Colhe-se da jurisprudência do TRIBUNAL DE JUSTIÇA DO ESTADO DE MINAS GERAIS posicionamentos[141] como o que vai adiante, convergente ao de TORON e SZAFIR, os quais, registre-se, são coerentes. A Lei 8.666/93 é uma norma geral e o estatuto da advocacia é uma norma especial, ambas do

---

138 Ato normativo da OAB Federal expedido em 13 de fevereiro de 1995, com base nos artigos 33 e 54, V, da Lei n° 8.906/1994.

139 Lei Federal 8.906, de 04 de julho de 1994.

140 MEIRELLES, Hely Lopes. *Licitação e contrato administrativo*. São Paulo: Malheiros, 2010. P. 160.

141 EMENTA: DIREITO ADMINISTRATIVO. IMPROBIDADE ADMINISTRATIVA. CONTRATAÇÃO DE ESCRITÓRIO DE ADVOCACIA. NOTÓRIA ESPECIALIZAÇÃO. SINGULARIDADE DO OBJETO. INEXIGIBILIDADE DE LICITAÇÃO. LEGALIDADE. É compatível com o ordenamento jurídico vigente a contratação de advogado mediante procedimento de inexigibilidade de licitação, verificada a notória especialização do profissional e a singularidade do objeto contratual. A inviabilidade de competição para contratação de serviços advocatícios decorre de sua própria natureza. A licitação, enquanto prática traduzida pela disputa do contrato mediante a oferta do menor preço, encontra óbice no art. 5° do Código de Ética e Disciplina da Ordem dos Advogados do Brasil, de cumprimento obrigatório (Lei n° 8.906/94, art. 33), que estabelece ser o exercício da advocacia incompatível com qualquer procedimento de mercantilização. Precedentes dos Tribunais. (TJMG - Apelação Cível 1.0521.10.008869-4/002, Relator(a): Des. (a) Alyrio Ramos, 8ª CÂMARA CÍVEL, julgamento em 11/12/2014, publicação da súmula em 19/12/2014)

mesmo nível hierárquico (Leis Federais). Devem prevalecer as disposições especiais[142]. Há uma coerência lógica nesta argumentação. Esta, porém, não é o objeto deste estudo.

A ORDEM DOS ADVOGADOS DO BRASIL, por seu Conselho Federal, já exarou entendimento por meio da súmula nº 04/2012/COP[143] no sentido de que a singularidade é própria da atividade, e que é inviável a competição na espécie.

5.3. A NORMA JURISPRUDENCIAL EM VIGOR: NEM TODO SERVIÇO É SINGULAR

A despeito dos relevantes argumentos sucintamente retratados no item anterior, ainda realizando um recorte metodológico neste estudo, lembra-se que esta é uma proposta de análise científica do Direito positivo brasileiro. Nesse sentido, está-se a analisar as normas jurídicas em vigor.

---

142 Cf. MAXIMILIANO, Carlos. *Hermenêutica e aplicação do Direito*. 20ª edição. Rio de Janeiro: Forense, 2011. P 187.

143 Diário Oficial da União, Seção 1, 23.10.2012, p. 119. Eis o teor da súmula:

O CONSELHO PLENO DO CONSELHO FEDERAL DA ORDEM DOS ADVOGADOS DO BRASIL, no uso das atribuições que lhe são conferidas nos arts. 75, parágrafo único, e 86 do Regulamento Geral da Lei nº 8.906/94, considerando o julgamento da Proposição n. 49.0000.2012.003933-6/COP, decidiu, na Sessão Ordinária realizada no dia 17 de setembro de 2012, editar a Súmula n. 04/2012/COP, com o seguinte enunciado: "ADVOGADO. CONTRATAÇÃO. ADMINISTRAÇÃO PÚBLICA. INEXIGIBILIDADE DE LICITAÇÃO.

Atendidos os requisitos do inciso II do art. 25 da Lei nº 8.666/93, é inexigível procedimento licitatório para contratação de serviços advocatícios pela Administração Pública, dada a singularidade da atividade, a notória especialização e a inviabilização objetiva de competição, sendo inaplicável à espécie o disposto no art. 89 (in totum) do referido diploma legal.

Conforme MISABEL ABREU MACHADO DERZI, o Poder Judiciário é um Poder porque cria Direito, e o faz mediante a escolha de um dos sentidos possíveis das Leis e da Constituição, pelo qual opta e chama de jurisprudência[144].

A jurisprudência é uma resposta geral aplicável a uma pluralidade de casos, para cuja consolidação é irrelevante o tempo decorrido desde sua prolação, bem como o número de decisões iguais[145].

Nesse contexto, temos que é uma jurisprudência em vigor hoje no brasil, verdadeira "norma judicial[146]", a interpretação de que nem todo serviço jurídico é singular, revelando que não é a natureza advocatícia do objeto contratual que inviabiliza o certame. Afirma-se isto com base em precedentes[147] do Superior Tribunal de Justiça e do Supremo Tribunal

---

144 DERZI, , Misabel Abreu Machado. *Modificações da jurisprudência: proteção da confiança, boa-fé objetiva e irretroatividade como limitações constitucionais ao poder judicial de tributar.* São Paulo: Noeses, 2009. p. 256 e ss.

145 Cf. DERZI, *op. cit.*, p. 259.

146 Cf. DERZI, *op. cit.*, p. 259.

147 Cite-se, como exemplo, no STF: Ação Penal 348; Inquérito 3074/SC. E no STJ: AgInt no REsp 1335762/PB, Rel. Ministro GURGEL DE FARIA, PRIMEIRA TURMA, julgado em 30/11/2017, DJe 05/02/2018; AgInt no AgRg no REsp 1330842/MG, Rel. Ministra REGINA HELENA COSTA, Rel. p/ Acórdão Ministro NAPOLEÃO NUNES MAIA FILHO, PRIMEIRA TURMA, julgado em 07/11/2017, DJe 19/12/2017. Neste último, o Ministro relator para o acórdão fez questão de consignar seu entendimento, convergente com o sentido retratado por ALBERTO TORON, citado neste trabalho, mas reforçou seus argumentos demonstrando que a singularidade estaria presente não apenas por se tratarem de serviços advocatícios, mas também por questões específicas dos serviços em questão, revelando, mais uma vez, estar em vigor a norma jurisprudencial aqui revelada.

Federal, que, de modo geral, não reconhecem em todos os serviços advocatícios a singularidade requerida pelo artigo 25, inciso II, da Lei em questão.

Esta monografia partirá deste pressuposto, para trabalhar o direito positivo. Com esforço em LUHMANN[148], DERZI entende que aquele que age em conformidade com as expectativas normativas judiciais está resguardado pelo princípio da proteção da confiança legítima, deduzido do Estado de Direito e do princípio da segurança jurídica[149].

Por isso, visando subsidiar expectativas de comportamento com base no Direito positivo brasileiro em vigor, aí incluída a jurisprudência, a análise concentrará esforços, a partir deste momento, a verificar quais são as hipóteses em que os serviços jurídicos são singulares, de modo a inviabilizar a competição, portanto descartando neste momento os argumentos deduzidos por ALBERTO TORON, a respeito dos quais consignamos nossa consideração dogmática.

---

148 LUHMANN, Niklas. *Confianza*. 1ª reimpressão. Rubí (Barcelona): Anthropos Editorial, 2005.

149 Cf. DERZI, Misabel Abreu Machado. *Modificações da jurisprudência: proteção da confiança, boa-fé objetiva e irretroatividade como limitações constitucionais ao poder judicial de tributar.* São Paulo: Noeses, 2009.

6.
A INTERPRETAÇÃO E APLICAÇÃO DO TERMO "NATUREZA SINGULAR" NO ÂMBITO DOS MUNICÍPIOS, EM RELAÇÃO AOS SERVIÇOS ADVOCATÍCIOS: PRESSUPOSTOS FEDERATIVOS, "FORÇAS MÓVEIS" DO SISTEMA DE CANARIS E O RACIOCÍNIO TIPOLÓGICO

A doutrina e a jurisprudência brasileiras são vacilantes em verificar a incidência do raciocínio tipológico no caso, e em lembrar se tratar a Lei 8.666/93 de uma lei geral aplicável a todos os entes de uma República Federativa.

Na seara dogmática, JORGE ULISSES JACOBY FERNANDES destaca que a essência da singularidade é distinguir os serviços dos demais a serem prestados[150], mas destaca que quando existirem outros profissionais aptos a prestar os serviços não se estaria diante de hipótese de inexigibilidade, mas sim de obrigatória licitação[151].

BENEDICTO DE TOLOSA FILHO destaca a importância da presença da complexidade técnica[152] dos serviços, mas entende que a presença de um profissional de notória especialização na contratação faria incidir a causa de inexigibilidade de licitação[153]. Seu posicionamento diverge do nosso, porque como já assentamos, a inviabilidade de competição hoje em

---

150 FERNANDES, Jorge Ulisses Jacoby. *Vade-mécum de licitações e contratos: legislação selecionada e organizada como jurisprudência, notas e índices*. 3ª edição. Belo Horizonte: Fórum, 2009. P. 493.

151 FERNANDES, Jorge Ulisses Jacoby. *Vade-mécum de licitações e contratos: legislação selecionada e organizada como jurisprudência, notas e índices*. 3ª edição. Belo Horizonte: Fórum, 2009. P. 497.

152 TOLOSA FILHO, Benedicto de. *Contratando sem licitação: comentários teóricos e práticos de acordo com a Lei nº 8.666/93*. Rio de Janeiro: Forense, 1998. P. 93.

153 TOLOSA FILHO, Benedicto de. *Contratando sem licitação: comentários teóricos e práticos de acordo com a Lei nº 8.666/93*. Rio de Janeiro: Forense, 1998. P. 94.

vigor no Brasil não reside no profissional a ser contratado, mas sim na singularidade dos serviços.

JOSÉ CRETELA JÚNIOR, além de se referir ao rol do artigo 25 como *"numerus clausus"*[154], afirma que o certame estaria inviabilizado nas hipóteses de serviços técnicos profissionais, e não no caso de serviços técnicos rotineiros[155], o que é de pouca ou nenhuma densidade prática.

CELSO ANTÔNIO BANDEIRA DE MELLO define que a singularidade deriva do concurso da relevância do serviço e da necessidade de sua execução por profissional cujos traços pessoais são imprescindíveis à defesa do interesse público em questão[156]. CARLOS PINTO COELHO MOTTA, citando REGIS FERNANDES DE OLIVEIRA, destaca que serão singulares os serviços para cuja execução sejam necessárias as características pessoais do executor[157].

ADILSON ABREU DALLARI, comenta, a respeito dos serviços advocatícios, que é evidente que existem várias situações diferentes entre si que distanciam um parecer jurídico da propositura de uma ação judicial rotineira[158], e que existem

---

154 CRETELLA JÚNIOR, José. *Das licitações públicas: (comentários à Lei Federal nº 8.666, de 21 de junho de 1993)*. Rio de Janeiro: Forense, 2006. P. 244.

155 CRETELLA JÚNIOR, José. *Das licitações públicas: (comentários à Lei Federal nº 8.666, de 21 de junho de 1993)*. Rio de Janeiro: Forense, 2006. P. 245.

156 BANDEIRA DE MELLO, Celso Antônio. *Curso de Direito Administrativo*. 30ª edição. São Paulo: Malheiros, 2012. P. 563.

157 MOTTA, Carlos Pinto Coelho. *Eficácia nas Licitações e Contratos*. Belo Horizonte: Del Rey, 2008. P. 305/306.

158 DALLARI, Adilson Abreu. *Aspectos Jurídicos da Licitação*. São Paulo: Saraiva, 1997. P. 57.

determinados serviços em que o elemento da confiança[159] entre o Administrador e o contratado é imprescindível, e não poderá ser julgado objetivamente por meio da licitação pública.

JOSÉ DOS SANTOS CARVALHO FILHO, aponta as características da particularidade ou peculiaridade como distintivos da singularidade[160], e afirma concordar com MARIA FERNANDA PIRES DE CAVALHO PEREIRA, para quem, como regra, o profissional da advocacia, pela natureza da sua atividade, pode ser contratado de forma direta[161].

MARIA SYLVIA ZANELLA DI PIETRO destaca que a natureza singular se revela quando os serviços técnicos referidos no artigo 13 da Lei se revestirem de complexidade, relevância ou quando "os interesses públicos em jogo tornem o serviço singular[162].

Da jurisprudência do TRIBUNAL DE CONTAS DA UNIÃO se veem entendimentos no sentido de que não são serviços de natureza singular tais que venham a ser prorrogados por sessenta meses[163], pois suas notas distintivas são a complexi-

---

159 DALLARI, Adilson Abreu. *Aspectos Jurídicos da Licitação.* São Paulo: Saraiva, 1997. P. 58.

160 CARVALHO FILHO, José dos Santos. *Manual de Direito Administrativo.* 28ª edição. São Paulo: Atlas, 2015. P. 280.

161 Cf. CAVALHO FILHO, José dos Santos. *Manual de Direito Administrativo.* 28ª edição. São Paulo: Atlas, 2015. P. 280, nota nº 122.

162 DI PIETRO, Maria Sylvia Zanella. *Direito Administrativo.* 27ª edição. São Paulo: atlas, 2014. P. 409.

163 Acórdão 8.110/2012. Rel. Min. José Jorge. Data da sessão: 30/10/2012. Ementa: Serviços de natureza contínua, cuja contratação pode ser prorrogada por até sessenta meses (art. 57,

dade e a especificidade[164], sendo que o Plenário do Tribunal editou a súmula 39, cuja redação é a seguinte:

> "A inexigibilidade de licitação para a contratação de serviços técnicos com pessoas físicas ou jurídicas de notória especialização somente é cabível quando se tratar de serviço de natureza singular, capaz de exigir, na seleção do executor de confiança, grau de subjetividade insuscetível de ser medido pelos critérios objetivos de qualificação inerentes ao processo de licitação, nos termos do art. 25, inciso II, da Lei 8.666/1993".

A jurisprudência do Poder Judiciário já indicou balizas gerais a respeito do tema, em alguns momentos de modo contraditório. Dos precedentes do SUPERIOR TRIBUNAL DE JUSTIÇA colhem-se posicionamentos em sentido muito próximo do que poderia ser classificado como um raciocínio típico da Jurisprudência dos Conceitos.

No Agravo Regimental em Recurso Especial nº 1.425.230/SC[165], Rel. Min. HERMAN BENJAMIN, entendeu-se que o contrato de prestação de serviços advocatícios firmado entre o Município de Jaraguá do Sul e o determinado escritório de advocacia seria irregular, porque o objeto contratual, consistente na "recuperação de receitas sonegadas do ISS incidente

---

inciso II, da Lei 8.666/1993) , não podem ser tidos como sendo de natureza singular. Para fins de contratação de serviço técnico especializado mediante inexigibilidade de licitação (art. 25, inciso II, da Lei 8.666/1993) , serviço singular deve ser compreendido como aquele serviço específico, pontual, individualizado, perfeitamente delineado em sua extensão, preciso e objetivo em sua definição, diferenciador em relação a outros do mesmo gênero, limitado no tempo.

164 Acórdão 1.074/2013. Rel. Min. Benjamin Zymler. Data da sessão: 08/05/2013.

165 AgRg no REsp 1425230/SC, Rel. Ministro HERMAN BENJAMIN, SEGUNDA TURMA, julgado em 18/02/2016, DJe 30/05/2016.

sobre as operações de Arrendamento Mercantil ou Leasing" seria genérico e que não apresentariam peculiaridades ou complexidade incomum, "tampouco envolvem dificuldades superiores às corriqueiramente enfrentadas por advogados e escritórios de advocacia", razão pela qual poderiam "ser satisfatoriamente executadas por qualquer profissional do direito, e não por um número restrito de capacitados".

Por outro lado, da mesma Corte Superior, a quem incumbe a uniformização da interpretação e aplicação do Direito Federal, colhe-se posicionamento[166] no sentido de que o próprio serviço advocatício em si é singular, o que impediria a ocorrência da licitação, conforme aqui já se relatou.

O SUPREMO TRIBUNAL FEDERAL, de modo mais seguro e constante, estabelece em sua jurisprudência características mais concretas a respeito do que seria a natureza singular dos serviços advocatícios.

Na Ação Penal 348-5/SC, D. J. 03/08/2007, julgada em 15/12/2006, rel. Ministro EROS ROBERTO GRAU, apontou-se que o que a norma insculpida no artigo 25, II, da Lei 8.666/93 exige para a ocorrência da inexigibilidade de licitação é o concurso da notória especialização e o elemento subjetivo da confiança, este último responsável por tornar singular os serviços em questão.

No HC n° 86.198-9/PR, D. J. 29/06/2007, julgado em 14/04/2007, Rel. Ministro SEPÚLVEDA PERTENCE, a Corte Suprema destacou a importância do "relevo do trabalho a ser contratado", e da indispensabilidade da confiança a ser depositada pela Administração Pública no profissional do Direito escolhido. No caso, entendeu o Tribunal

---

166 REsp 1192332/RS, Rel. Ministro NAPOLEÃO NUNES MAIA FILHO, PRIMEIRA TURMA, julgado em 12/11/2013, DJe 19/12/2013.

que a contratação de Advogado para acompanhamento da regularização de áreas públicas indevidamente ocupadas por particulares no Município de Matinhos (PR) seria um trabalho relevante e, portanto, singular.

Mais recentemente, em 2014, o SUPREMO consignou no julgamento do Inquérito 3074/SC, Rel. Min. LUÍS ROBERTO BARROSO serem cinco os critérios de aferição da legalidade da contratação direta de Advogados, quais sejam: (a) necessidade de procedimento administrativo formal; b) notória especialização do profissional a ser contratado; c) natureza singular do serviço; d) inadequação da prestação do serviço pelos integrantes do Poder Público; e e) verificação da prática de preço de mercado para o serviço.

6.1. NOSSA PROPOSTA: A INTERVENÇÃO INTERPRETATIVA DO PRINCÍPIO FEDERATIVO

A nosso sentir, a dogmática e a jurisprudência brasileiras a respeito do tema partem, de modo geral, de pressupostos hermenêuticos próprios da Jurisprudência dos Conceitos, com a qual não concordamos. Ao lembrar que a Lei 8.666/93 veicula normas gerais, e que o Brasil é uma República Federativa, com uma pluralidade de Entes, revela-se evidente a necessidade de raciocinar pelo método tipológico, a partir do sistema móvel de CANARIS. É o que se pretende demonstrar a seguir.

6.1.1. A natureza de norma geral da Lei 8.666/93

Lei Federal nº 8.666/93 foi editada pela União Federal no âmbito da competência legislativa que lhe é outorgada pelo artigo 22, XXVII, que possui a seguinte redação:

> Art. 22. Compete privativamente à União legislar sobre: (...).

XXVII – normas gerais de licitação e contratação, em todas as modalidades, para as administrações públicas diretas, autárquicas e fundacionais da União, Estados, Distrito Federal e Municípios, obedecido o disposto no art. 37, XXI, e para as empresas públicas e sociedades de economia mista, nos termos do art. 173, § 1º, III;

Normas gerais, independentemente da matéria que veiculem, segundo CELSO ANTÔNIO BANDEIRA DE MELLO, são tais que prescrevam apenas[167] (i) "preceitos que estabelecem os princípios, os fundamentos, as diretrizes, os critérios básicos, conformadores das leis que necessariamente terão de sucedê-las para completar a regência da matéria[168]"; (ii) "preceitos que podem ser aplicados uniformemente em todo o país, por se adscreverem a aspectos nacionalmente indiferençados, de tal sorte que repercutem com neutralidade, indiferentemente, em quaisquer de suas regiões ou localidades[169]"; ou (iii) "padrões mínimos de defesa do interesse público concorrente àquelas matérias em que tais padrões devam estar assegurados em todo o País, sob pena de ditos interesses ficarem à míngua de proteção[170]".

HELY LOPES MEIRELLES complementa, agora já especificamente sobre a competência prevista no artigo 22, XXVII, da CRFB/88:

> Para fins de licitação, deve-se entender por *normas gerais* todas aquelas leis, chamadas leis nacionais, que estabelecem princípios e diretrizes aplicáveis indistintamente a todas as

---

167 BANDEIRA DE MELLO, Celso Antônio. *Curso de Direito Administrativo*. 30ª edição. São Paulo: Malheiros, 2012. P. 539.
168 BANDEIRA DE MELLO, *op. cit.*, p. 539.
169 BANDEIRA DE MELLO, *op. cit.*, p. 540.
170 BANDEIRA DE MELLO, *Curso de Direito Administrativo*. 30ª edição. São Paulo: Malheiros, 2012, p. 540.

licitações e contratos administrativos, e, por isso, obrigatórias para a União, Estados, Distrito Federal e Municípios.

Significa dizer que a Lei Federal 8.666/93 reside em um contexto normativo com pretensão de aptidão para produzir efeitos e vincular a Administração de todos os entes federados. Isso significa que o administrador, ao aplicá-la, precisará agregar concretude às disposições genéricas de modo a torná-las compatíveis com o ente federativo em questão.

Ocorre que, como se sabe, os entes federativos são muito distintos entre si, em termos de estrutura financeira e aparato burocrático sobretudo. A questão é tão relevante para o nosso argumento que passar-se-á a rememorar os fundamentos e características do federalismo brasileiro, para então indicar sua repercussão no caso concreto.

6.1.2. O princípio federativo no sistema jurídico brasileiro

Copiosas são as lições de DALMO DE ABREU DALLARI[171] e de JOSÉ ALFREDO DE OLIVEIRA BARACHO[172], o primeiro de modo mais concentrado, porém profundo, e o segundo com maior amplitude, a respeito das notas essenciais do federalismo. Em todo caso, necessário registrar que, a respeito de uma concepção jus-política, adotamos o quanto deduzido por ONOFRE ALVES BATISTA JÚNIOR, LUDMILA MARA MONTEIRO DE OLIVEIRA e TARCÍSIO DINIZ MAGALHÃES, para quem o fundamento último do federalismo é a subsidia-

---

[171] DALLARI, Dalmo de Abreu. *Elementos de teoria geral do Estado*. 23ª edição. São Paulo: saraiva, 2002. P. 254 a 262.

[172] BARACHO, José Alfredo de Oliveira. *Teoria Geral do Federalismo*. Rio de Janeiro: Forense, 1986.

riedade[173], a qual determina a "descentralização do Estado, de modo a conceber e potencializar a eficácia das medidas governamentais dirigidas aos cidadãos[174]".

Como trata o caso vertente, todavia, de uma análise estritamente jurídica, interessa- nos mais o papel normativo e estruturante do princípio federativo, que se revela em uma norma tipicamente constitucional e fundante, porque estabelece a forma de Estado[175] adotada, em outras palavras, o filtro pelo qual toda a matéria normativa de organização administrativa deve ser observada.

No Brasil, o princípio federativo permeia toda a Constituição da República, especialmente aos artigos 1º, *caput*, 18, *caput*, e 60, §4º, I, dos quais se deduz, sistematicamente, que há uma condição de igualdade entre os entes[176], e não de subordinação.

BERNARDO GONÇALVES FERNANDES lembra que o princípio federativo representa uma diretriz hermenêutica du-

---

173 BATISTA JÚNIOR, Onofre Alves; OLIVEIRA, Ludmila Mara Monteiro; MAGALHÃES, Tarcísio Diniz. *op. cit.*

174 BATISTA JÚNIOR, Onofre Alves; OLIVEIRA, Ludmila Mara Monteiro; MAGALHÃES, Tarcísio Diniz, *op. cit.*, p. 14.

175 DALARI, Dalmo Abreu. *Elementos de teoria geral do Estado*. 23ª edição. São Paulo: saraiva, 2002. P. 254.

176 Ver, a respeito da concepção de igualdade entre os Entes Federativos em comparação com o federalismo de política conjunta alemão, com foco do Direito Financeiro: DERZI, Misabel Abreu Machado; BUSTAMANTE, Thomas da Rosa. *O princípio Federativo e a Igualdade: uma perspectiva crítica para o sistema jurídico brasileiro a partir da análise do Modelo Alemão*. In: DERZI, Misabel Abreu Machado; JÚNIOR, Onofre Alves Batista; MOREIRA, André Mendes (Coordenadores). Estado Federal e Guerra fiscal no Direito Comparado. Vol.2. Belo Horizonte: Arraes Editores LTDA., 2015. P. 466/495.

pla, destinada tanto aos aplicadores do direito quanto ao próprio legislador[177], ao que INGO WOLFGANG SARLET acrescenta tratar-se de uma noção jurídica estruturante do Estado brasileiro[178].

HUMBERTO ÁVILA refere-se, em sua obra, ao princípio federativo como norma "estruturante". Veja-se, por exemplo, uma de suas passagens:

> Os chamados princípios estruturantes, como os princípios federativo e da separação dos poderes, por exemplo, normatizam o modo e o âmbito da atuação estatal. Como toda a atuação estatal, e não apenas uma parte dela, em todas as situações, não apenas em uma parte delas, deverá conformar-se ao seu conteúdo, eles não possuem uma eficácia provisória, *prima facie*, mas permanente, nem tem sua eficácia graduável ou afastável, mas linear e resistente. Eles sempre deverão ser observados, não podendo ser afastados por razões contrárias[179].

Têm razão os doutrinadores em questão. A Constituição da República não apenas cuidou minuciosamente de prever meios de conter eventuais movimentos de secessão, como também estabeleceu no princípio federativo um dos princípios gerais do direito brasileiro, que, nas palavras de RICARDO LOBO TORRES, "orientam a compreensão do ordenamento jurídico, quer para aplicação e interpretação, quer para a elaboração de novas normas[180]".

---

177 FERNANDES, Bernardo Gonçalves. *Curso de Direito Constitucional*. Salvador: JusPODIVM, 2017. P. 303.

178 SARLET, Ingo Wolfgang. *Curso de Direito Constitucional*. São Paulo: Saraiva, 2017. P. 855.

179 ÁVILA, *op. cit.*, P. 134.

180 TORRES, Ricardo Lobo. *Curso de Direito Financeiro e Tributário*. 19ª edição Rio de Janeiro: Renovar, 2013. P. 87.

LUÍS ROBERTO BARROSO, em anotações dogmáticas, registra que, pós- modernamente, a supremacia da Constituição é reconhecida não apenas para parâmetro de validade para a ordem infraconstitucional, mas também como vetor de interpretação de todas as normas do sistema[181], e neste sentido se insere o princípio federativo.

Adaptando esta análise ao marco teórico eleito, é possível afirmar na visão de sistema e de princípio de CLAUS-WILHEN CANARIS: o princípio federativo é um princípio estruturante, invariável, ao qual a multiplicidade do singular pode ser reduzida[182], sem exceção, sob pena de inconstitucionalidade.

6.1.3. A influência interpretativa do Princípio Federativo no art.25, II, da Lei 8.666/93: a interpretação conforme a Constituição e o raciocínio por tipos

Demonstraremos agora que, se o tanto quanto afirmado linhas acima, a respeito do princípio federativo, é verdade, não pode ser outra a interpretação do artigo 25, II, da Lei 8.666/93 que não uma interpretação tipológica, ou, na linguagem de CANARIS, por "forças móveis".

---

181 BARROSO, Luís Roberto. *O novo direito constitucional brasileiro: contribuições para a construção teórica e prática da jurisdição constitucional no Brasil*. Belo Horizonte, Fórum, 2012. P. 212.

182 CANARIS, Claus-Wilhelm. *Pensamento sistemático e conceito de sistema na Ciência do Direito*. Lisboa: Fundação Calouste Gulbekian, 1996. p. 76.

6.1.3.1. A natureza excepcional da inexigibilidade e, ainda assim, sua compatibilidade com o raciocínio tipológico

De início, cumpre clarear um debate que obrigatoriamente deve ser transposto neste estudo, que tem por objeto a inexigibilidade de licitação que, sabidamente, é uma hipótese excepcional, haja vista a regra constitucional da obrigatoriedade da licitação, insculpida diretamente no artigo 37, inciso XXI, da Constituição da República[183]. Assim, a questão que agora se coloca é outra: o método de raciocinar por tipos é compatível com as hipóteses excepcionais, às quais a tradicional hermenêutica jurídica atribui a obrigação de interpretar restritivamente[184]?

KARL LARENZ orienta-nos que, verdadeiramente, uma regra excepcional tende a ser interpretada restritivamente, mas que neste âmbito há duas vertentes possíveis, pois a interpretação dentro do âmbito de sentido possível do termo

---

[183] Art. 37. A administração pública direta e indireta de qualquer dos Poderes da União, dos Estados, do Distrito Federal e dos Municípios obedecerá aos princípios de legalidade, impessoalidade, moralidade, publicidade e eficiência e, também, ao seguinte: (...).

XXI - ressalvados os casos especificados na legislação, as obras, serviços, compras e alienações serão contratados mediante processo de licitação pública que assegure igualdade de condições a todos os concorrentes, com cláusulas que estabeleçam obrigações de pagamento, mantidas as condições efetivas da proposta, nos termos da lei, o qual somente permitirá as exigências de qualificação técnica e econômica indispensáveis à garantia do cumprimento das obrigações.

[184] Cite-se, por exemplo, a obra de CARLOS MAXIMILIANO. *Hermenêutica e aplicação do direito*. Freitas Bastos, 1941.

é variável[185]. A intepretação estrita, em sua visão, é aquela que abrange o âmbito nuclear do tipo ou conceito classificatório, enquanto a interpretação ampla é tal que abrange os "fenómenos da franja marginal[186]".

LARENZ, todavia, afirma que é problemático se ter, de modo geral, por correta a afirmativa de que "disposições excepcionais hão-de interpretar-se de modo estrito e que não são susceptíveis de aplicação analógica"[187]. Para ele, existem duas "espécies" de exceções: as exceções formais e as exceções quanto à matéria[188], sendo que nem sempre a interpretação analógica é proibida[189], teleológica e hermeneuticamente. Em sua visão, "é decisiva a razão pela qual o legislador excepcionou precisamente estes casos[190]".

Em sua obra, LARENZ aborda um exemplo de norma excepcional, relativa à exclusão da responsabilidade do empreiteiro que realiza uma obra (a responsabilidade é a regra, no direito alemão), que fora utilizada analogicamente pelo Tribunal Federal Alemão para excluir a responsabilidade de determinado empreiteiro em circunstância diversa da prevista na norma excepcional. Isto porque o fundamento, ou o princípio justificador da regra excepcional também incidiria naquele caso.

---

185 LARENZ, Karl. *Metodologia da Ciência do Direito*. 3ª edição. Lisboa: Fundação Calouste Gulbenkian, 1997, p. 500.

186 Cf. LARENZ, *op. cit.*, p. 500/501.

187 Cf. LARENZ, *op. cit*, p. 502.

188 Cf. LARENZ, *op. cit*, p. 502.

189 Cf. LARENZ, *op. cit*, p. 502/503.

190 Cf. LARENZ, *op. cit*, p. 503.

Assim, no caso da inviabilidade de competição, tem-se uma infinidade de casos em que a licitação será logicamente impossível, como o próprio legislador deixou claro quando afirmou que os incisos do artigo 25 são meramente exemplificativos[191], a despeito da antiga resistência de representantes da doutrina, que sustentavam um caráter *numerus clausus* do dispositivo[192].

Mesmo doutrinadores cujo raciocínio se assemelha à Jurisprudência dos Conceitos, como CELSO ANTÔNIO BANDEIRA DE MELLO, afirmam a obviedade da natureza não exaustiva dos incisos do artigo 25 da Lei 8.666/93[193]. A redação dos incisos do artigo 25 da Lei 8.666/93 possui, para MARÇAL JUSTEN FILHO, funções exemplificativa e restritiva, pois estabelecem requisitos, pressupostos e limites para a contratação direta[194].

Nesse sentido, ao contrário da dispensa de licitação, em que os casos estão veiculados no artigo 24 da Lei 8.666/93, a inexigibilidade de licitação é aplicável sempre que o certame for impossível, o que não é catalogável. Isso nos dirige a entender que, nas classificações de LARENZ[195], a dispensa

---

[191] O legislador fez isso ao adotar a expressão "em especial", no caput do artigo 25 da Lei 8.666/93.

[192] É o exemplo de JOSÉ CRETELLA JÚNIOR. *Licitações e Contratos do Estado*. Rio de Janeiro: Forense, 1996. P. 229.

[193] BANDEIRA DE MELLO, Celso Antônio. *Curso de Direito Administrativo*. 30ª edição. São Paulo: Malheiros, 2012. p. 560.

[194] JUSTEN FILHO, Marçal. *Comentários à lei de licitações e contratos administrativos*. 17ª edição. São Paulo: Editora Revista dos Tribunais, 2016. p. 575/576.

[195] Cf. LARENZ, Karl. *Metodologia da Ciência do Direito*. 3ª edição. Lisboa: Fundação Calouste Gulbenkian, 1997, p. 500/503.

seria uma regra excepcional formal e material, simultaneamente, dirigida a um grupo predefinido de hipóteses, às quais não se pode acrescentar novas, razão pela qual proibida a analogia. Diversamente, a inexigibilidade é uma exceção material à regra geral da licitação, e ela incidirá sempre que for inviável a competição, seja nos casos dos incisos I a III, seja em qualquer outro em que seja aplicável diretamente a norma prevista no *caput*[196].

Logo, na estrutura sistêmica de CANARIS, os casos de dispensa de licitação são forças imóveis, enquanto que os casos de inexigibilidade, por admitirem uma pluralidade não catalogável, são forças móveis.

Se a interpretação não exclui a analogia e o pensamento de ordem, também não será possível excluir a existência de tipos. É o que se demonstra a partir de agora, a respeito dos serviços advocatícios.

6.2. O RACIOCÍNIO TIPOLÓGICO E A CONTRATAÇÃO DIRETA DE SERVIÇOS ADVOCATÍCIOS NOS MUNICÍPIOS

Se é verdade que o princípio federativo obriga a interpretar as disposições veiculadas nas normas gerais de modo a abrigar as peculiaridades de cada ente federativo, certo é que os serviços advocatícios singulares serão institutos jurídicos tipológicos.

Retornando às etapas da interpretação jurídica delineadas por LARENZ (vide subtítulo nº 2.6), verifica-se que os sentidos possíveis do texto normativo são muito amplos. Por

---

[196] Nesse sentido: JUSTEN FILHO, Marçal. *Comentários à lei de licitações e contratos administrativos*. 17ª edição. São Paulo: Editora Revista dos Tribunais, 2016. p. 575.

"natureza singular" Pode-se entender qualquer serviço relevante e que reclame os traços característicos pessoais do autor, para nos utilizarmos de modo sucinto das já registradas considerações de CELSO ANTÔNIO BANDEIRA DE MELLO.

O contexto significativo da Lei, como já se demonstrou, reside no inciso XXVII do artigo 22 da Constituição, isto é, trata-se de uma Lei Geral de Licitações de Contratações Públicas, razão pela qual imprescindível adotar os pressupostos estruturantes do Princípio Federativo. Ainda, relembre-se, estamos endossando a concepção de hipótese excepcional, em razão da regra geral que obriga a licitar, e isto deve ser levado em consideração para não se admitir qualquer interpretação que permita que se deixe de exigir a licitação quando presentes os pressupostos para o certame. Este o limite da interpretação que o contexto significativo da Lei nos exprime.

Em relação à vontade histórica do legislador, é necessário fazer menção a alguns momentos da tramitação legislativa do Projeto de Lei nº 1.491/1991, que veio a se tornar lei sob o número 8.666/93.

O Diário Oficial do Congresso Nacional de 14 de setembro de 1991 revela que, formalmente, a justificação do projeto de lei apresentado pelo Deputado LUIZ ROBERTO PONTE não apresentou grandes peculiaridades que possam ajudar na interpretação da vontade histórica do legislador[197]. Certo é que o termo plurissignificativo "natureza singular" sempre

---

197 O teor da justificativa é o seguinte: "*O presente projeto-de-lei visa regulamentar os procedimentos para a contração das obras, serviços, compras, alienações e concessões por parte da Administração Pública Direta e Indireta, de modo que sejam sempre respeitados os princípios de legalidade, impessoalidade, moralidade e publicidade, conforme determina o artigo inciso XXI do artigo 37 da Constituição. Brasília,*

esteve no texto desde o momento inaugural[198]. Em 13 de maio de 1992 foi publicada ata de seção em que se aprovou requerimento de urgência no plenário da câmara dos deputados, para que naquela oportunidade fosse deliberado o teor do projeto. Contudo, por requerimento da deputada IRMA PASSONI foi retirado de pauta, para análise mais detida pelos senhores parlamentares.

Especificamente sobre o tema da inexigibilidade de licitação e a contratação de advogado, não se vê dos documentos disponibilizados na tramitação do Projeto, no endereço eletrônico da Câmara dos Deputados, qualquer debate. Contudo, nota-se na fala do deputado mineiro ISRAEL PINHEIRO (PRB)[199], engenheiro preocupado com os projetos executivos para obras, cuja elaboração também se insere entre os serviços técnicos especializados enumerados no artigo 13 do projeto (como se encontrava naquele momento processual e também atualmente), que, em sua interpretação

---

07 de agosto de 1991. Deputado LUIZ ROBERTO PONTE.". Disponível em http://imagem.camara.gov.br/Imagem/d/pdf/DCD14SET1991.pdf#page=65, acesso em 17/06/2018, às 11:57.

198 Diário Oficial do Congresso Nacional de 14 de setembro de 1991. Página 16.722, coluna nº 2. A redação original do texto era o seguinte (Art. 25, II, do texto original do Projeto de Lei nº 1.491/1991): "Art. 25. É inexigível a licitação quando houver inviabilidade de competição, especialmente: (...). II- para a contratação de serviços técnicos enumerados no artigo 14, de natureza singular, com profissionais ou empresas de notória especialização, reconhecida esta por comissão composta por no mínimo três membros altamente qualificados, cujo parecer integrará os autos.". Disponível em http://imagem.camara.gov.br/Imagem/d/pdf/DCD14SET1991.pdf#page=65, acesso em 17/06/2018, às 11:57.

199 Sua fala foi a seguinte, ao ler os dispositivos do projeto: "Isso significa o seguinte: os serviços considerados técnicos não exigem licitação".

do texto, todos os serviços técnicos especializados, por esse motivo, teriam natureza singular. Então, diversamente de como hoje se entende, todo serviço técnico especializado seria singular.

O deputado ISRAEL PINHEIRO também apresentou várias emendas substitutivas em relação à redação que estava no Projeto de Lei no momento em que foi a plenário, para deliberação. O texto, como estava, previa a necessidade de realização de licitação na modalidade concurso para toda contratação de serviços técnicos especializados. Sua emenda substitutiva, contudo, deu a redação atual[200], que excetua os casos de inexigibilidade de licitação[201]. Sua justificativa pressupunha que "*a obrigatoriedade da realização de concurso para toda e qualquer contratação de serviço técnico profissional especializado não atende operacionalmente à Administração, além de tornar extremamente burocratizado o processo de contratação*[202].". Além disso, o parlamentar mineiro tentou também inserir a contratação de serviços técnicos especializados de natureza singular como uma hipótese de dispensa de licitação[203].

---

200 § 1º Ressalvados os casos de inexigibilidade de licitação, os contratos para a prestação de serviços técnicos profissionais especializados deverão, preferencialmente, ser celebrados mediante a realização de concurso, com estipulação prévia de prêmio ou remuneração.

201 Diário Oficial do Congresso Nacional de 28 de maio de 1992. Página 10.936. Coluna nº 2.

202 Diário Oficial do Congresso Nacional de 28 de maio de 1992. Página 10.936. Coluna nº 2.

203 Diário Oficial do Congresso Nacional de 28 de maio de 1992. Página 10.937. Coluna nº 1.

O deputado ALOISIO VASCONCELOS, também mineiro, PMDB, de modo divergente, apresentou a Emenda Substitutiva nº 160, que previa redação mais restritiva para o parágrafo único do artigo 13 do projeto[204], estabelecendo como justificativa, que *"toda contratação deve ser através de licitação. Excepcionalmente, por concurso*[205]*"*.

Também a deputada IRMA PASSONI (PT-SP) apresentou emenda, apenas alterando a natureza da hipótese de contratação direta de serviços técnicos profissionais especializados de inexigibilidade para dispensa de licitação[206], porém mantendo a expressão "natureza singular".

Conforme ata da seção publicada no Diário Oficial do Congresso Nacional de 18 de junho de 1992, página 13.778, coluna nº 1, o Projeto foi aprovado na Câmara dos Deputados de modo definitivo, para ir ao Senado, que apresentou substitutivo que manteve inalterada[207] a redação proposta pela Casa iniciadora, que veio a ser sancionada e consubstancia hoje a redação do artigo 25, II, da Lei 8.666/93.

---

204 Sua proposta foi s seguinte: *"os contratos para a prestação de serviços técnicos profissionais especializados poderão ser celebrados mediante a realização de concurso com estipulação prévia de prêmio ou remuneração."*. Diário Oficial do Congresso Nacional de 28 de maio de 1992. Página 10.969. Coluna nº 1.

205 Diário Oficial do Congresso Nacional de 28 de maio de 1992. Página 10.969. Coluna nº 1.

206 Diário Oficial do Congresso Nacional de 28 de maio de 1992. Página 11.009. Coluna nº 1.

207 Conforme publicação no Diário Oficial do Congresso Nacional de 1º de abril de 2018. Página 6464. Coluna nº 2.

Logo se vê, portanto, dos documentos que estão disponibilizados pelo Congresso Nacional em suas páginas na internet, que o debate a respeito da significação da expressão "natureza singular", que veio a ser fixada no texto, não apresenta fartos elementos para a análise do pesquisador. O que há de mais próximo, e mesmo assim com apenas uma frase cujo autor já veio a falecer, o deputado ISRAEL PINHEIRO, nos dirigiria à interpretação no sentido de que todo serviço técnico especializado seria singular. Este, contudo, não é o direito vigente no Brasil, conforme já explicitamos a norma judicial em vigor.

Por isso, considerando a conturbada tramitação do projeto de Lei nº 1.491/1991, cuja deliberação em plenário recebeu, em apenas uma seção, 391 emendas ao texto do projeto[208], não é exagerado afirmar que a locução "natureza singular" não teve sua razão de ser bem explicitada pelos parlamentares, razão pela qual, como já preconizava LARENZ, não poderemos tomar este fator de interpretação como preponderante.

Fundamental em nossa análise o aspecto teleológico, conforme orienta LARENZ:

> De entre os critérios de interpretação teleológico-objectivos, que decorrem dos fins objetivos do Direito, mais rigorosamente: da ideia de justiça, cabe uma importância decisiva ao princípio da igualdade de tratamento do que é, (segundo as valorações gerais do ordenamento jurídico) igual (ou de sentido idêntico). A diferente valoração das previsões valorativamente análogas aparece como uma contradição de valoração, que não é compaginável com a ideia de justiça, no sentido de "igual medida". Evitar tais contradições de valoração é, portanto, uma exigência tanto para o legislador como para o intérprete. Para este significa que há-de interpretar as proposições jurídicas nos quadros de seu sentido literal possível

---

208 Conforme se lê do Diário Oficial do Congresso Nacional de 28 de maio de 1992. Página 11.009. Coluna nº 1.

e do contexto significativo, de modo a evitar, na medida do possível, contradições de valoração[209].

LARENZ sustenta a importância dos princípios que indicam o "fundamento racional", a *ratio legis* do sistema interno, que se descola da vontade do legislador histórico, para se organizar objetivamente em torno de explicações teleológicas racionais.

É neste compasso que se insere o princípio federativo, como princípio estruturante, que não pode deixar de ser observado em nenhum momento, e que, portanto, revela uma parcela da *ratio legis*: a aptidão da Lei 8.666/93 para ser aplicada a todos os entes federativos, como lei nacional. Por arrastamento, em nome do princípio da igualdade de tratamento que deve orientar a aplicação do direito, conforme trecho transcrito de LARENZ, haverão de ser variáveis as formas de reconhecer a singularidade dos serviços, de acordo com as circunstâncias de cada um dos entes, que são muito diferentes entre si.

Como norma jurídica da espécie tipológica, a singularidade dos serviços advocatícios que impede a realização da licitação poderá decorrer de uma pluralidade de motivos, nem sempre constantes, e que tendem a variar de acordo com o ente federativo de que se trate. Em trabalho anterior[210], tivemos a oportunidade de comparar o que seriam os serviços advocatícios singulares para a União Federal, pessoa jurídica central de grande autonomia financeira e amplíssimo aparato, e aqueles que seriam, sem dúvidas, anômalos e incomuns para o Município

---

209 LARENZ, Karl. *Metodologia da Ciência do Direito*. 3ª edição. Lisboa: Fundação Calouste Gulbenkian, 1997, p. 473 e ss.

210 SOUZA, Adrianna Belli Pereira de; COSTA, Reinaldo Belli de Souza Alves. *Contratação direta de serviços jurídicos em sede de inexigibilidade de licitação no âmbito da administração pública municipal.* Apresentado publicamente perante o X Congresso Mineiro de Direito Administrativo, em Belo Horizonte, maio de 2017. No prelo.

de Serra da Saudade, em Minas Gerais, de aproximadamente 800 habitantes. Por isso, o SUPREMO TRIBUNAL FEDERAL, no julgamento do Inquérito 3074/SC, relator o Ministro LUÍS ROBERTO BARROSO, indicou que a inadequação da prestação dos serviços pelos advogados públicos é uma condição juridicamente relevante para verificar a incidência do artigo 25, II, da Lei 8.666/93[211], oportunidade em que a Corte Suprema revelou que este elemento é mais uma característica do tipo "natureza singular" dos serviços, demonstrando que uma pluralidade de hipóteses distintas pode levar à sua incidência.

Aí então se vê presente a finalidade normativa das unidades móveis de CANARIS, permitindo tornar perceptível a unidade na pluralidade[212]. Logo, se é verdade que os entes

---

211 In verbis: "O fato de a entidade pública contar com quadro próprio de procuradores não obsta legalmente a contratação de advogado particular para a prestação de serviço específico. É necessário, contudo, que fique configurada a impossibilidade ou relevante inconveniência de que a atribuição seja exercida pela advocacia pública, dada a especificidade e relevância da matéria ou a deficiência da estrutura estatal. Sobre o tema, veja-se a seguinte passagem de Diógenes Gasparini: "Destarte, bastaria a verificação dessa circunstância para liberar a Administração Pública da obrigação de licitar. No entanto, outras razões podem reforçar essa contratação direta, a exemplo da urgência na execução dos serviços jurídicos, do número insuficiente de advogados no quadro, da falta de especialização dos profissionais do quadro para a realização do serviço, do excesso de serviços e dos interesses coincidentes do autor da demanda com os da consultoria jurídica" . 18. Também aqui, a fundamentação exercerá o papel de dar transparência às razões que impedem a atuação da advocacia pública, evitando abusos e permitindo a fiscalização dos órgãos de controle, bem como da própria sociedade". Acórdão, fls. 8 e 9.

212 CANARIS, Claus-Wilhelm. Pensamento sistemático e conceito de sistema na Ciência do Direito. Lisboa: Fundação Calouste Gulbekian, 1996. p. 131/132.

federativos são autônomos e entre si há uma relação de igualdade, como deduzimos anteriormente do princípio federativo, hão de ser respeitadas as peculiaridades de cada caso concreto para verificar se, de fato, os serviços jurídicos, naquela circunstância, revestem-se de singularidade ou não.

Revela-se, portanto, inconstitucional (aqui já aplicando o quinto cânone de LARENZ, que é a interpretação conforme a Constituição), pois incompatível com o princípio federativo, e a própria igualdade[213], a interpretação do artigo 25, II, da Lei 8.666/93 por meio de conceitos classificatórios fechados, pois o binômio "... ou ..." ignora a pluralidade de circunstâncias possíveis.

Este o contexto de raciocínio indutivo[214], e não dedutivo, de aplicação dos tipos a que se refere EROS ROBERTO GRAU, para quem *"a norma é produzida, pelo intérprete, não apenas a partir de elementos colhidos no texto normativo (mundo do dever-ser), mas também a partir de elementos do caso ao qual será aplicada – isto é, a partir de dados da realidade (mundo do ser)*[215]". Acrescenta o ex-ministro do STF considerações que nos parecem certeiras à análise vertente, relacionada ao sistema móvel de CANARIS:

> O que, incisivamente, deve ser aqui afirmado, a partir da metáfora de Kelsen [1979:467], é o fato de que a *moldura da norma* ser, diversamente, moldura do texto, mas não apenas dele. Ela é, concomitantemente, moldura do *texto* e da *realidade*. O intérprete,

---

213 *In casu*, igualdade entre os Entes Federativos, por corolário da própria condição autônoma estabelecida pelo artigo 18 do texto constitucional.

214 GRAU, Eros Roberto. *Por que tenho medo dos juízes (a interpretação/aplicação do direito e os princípios)*. São Paulo: Malheiros Editores LTDA., 2017. p. 156/157.

215 GRAU, *op. cit.*, p. 56/57.

ao empreender a produção prática do direito, compreende e apreende, além dos textos, a realidade – no momento histórico no qual se opera a interpretação – em cujo contexto eles serão aplicados. (...). O trabalho jurídico de construção das normas aplicáveis a cada caso, será sempre, renovadamente, uma nova solução.

Por isso mesmo – e tal deve ser enfatizado – a interpretação do direto se realiza não como mero exercício de leitura dos textos normativos, para o quê bastaria ao intérprete ser alfabetizado.

A singularidade dos serviços advocatícios pode ser reconhecida em razão de uma pluralidade de características. O pressuposto é, tão somente, que não se tratem de serviços rotineiros e banais do âmbito da procuradoria do município, se esta existir, de modo a permitir distingui-los como algo especial e relevante, que exija a avaliação das características pessoais do executor. Nas palavras de MARÇAL JUSTEN FILHO:

> A natureza singular do serviço advocatício caracterizar-se-á em virtude da presença de requisitos de diferente natureza: a complexidade da questão, a especialidade da matéria, sua relevância econômica, o local em que se exercitará a atividade, o grau de jurisdição, e assim por diante. Nada impede que a singularidade derive da complexidade do conjunto de atividades e tarefas: individualmente, cada atuação poderia ser considerada como normal e comum, mas existem centenas ou milhares de processos e a singularidade decorre dessa circunstância quantitativa. É impossível sumariar todas as características aptas a produzir a singularidade de um serviço advocatício. *Uma certa questão pode configurar natureza singular no âmbito de um órgão e não no de outro*, tendo em vista a dimensão das atividades usualmente desenvolvidas e a qualificação dos serviços jurídicos existentes[216].

---

216 JUSTEN FILHO, Marçal. *Comentários à lei de licitações e contratos administrativos*. 17ª edição. São Paulo: Editora Revista dos Tribunais, 2016. p. 597.

Como se vê, de toda a bibliografia abrangida por esta pesquisa, apenas o Autor acima citado emprega claramente um raciocínio tipológico em suas considerações dogmáticas a respeito do dispositivo, demonstrando que as notas presentes no tipo são ricas em aproximação com a realidade, gradativas e abertas. A ele atribuímos razão, pois, mesmo sem anunciar, empregou em sua interpretação o raciocínio que, teleologicamente, à luz do princípio federativo e da natureza de norma geral da Lei em questão, era obrigatório.

Sem a pretensão de exaurir as hipóteses, é possível indicar que a singularidade dos serviços advocatícios no âmbito municipal – e, portanto, a inviabilidade competição – poderá derivar, no mínimo, das seguintes características: (i) complexidade da questão jurídica; (ii) repercussão econômica da causa ou da decisão administrativa; (iii) distanciamento do cotidiano dos serviços jurídicos; (iv) instância jurisdicional ou administrativa perante a qual tramita o processo; (v) defesa pessoal de agentes públicos; (vi) quantidade exorbitante de processos repetitivos sobre o mesmo tema, que possam levar conjuntamente a relevante repercussão econômica; (vii) especificidade da questão jurídica; (viii) repercussão jurídica para o Município, notadamente na defesa da constitucionalidade de seus atos; (ix) conflitos inter-federativos; (x) a potencial repercussão na esfera de responsabilidade pessoal do administrador.

Passa-se, brevemente, a registrar nossos comentários sobre estes exemplos.

6.2.1. A complexidade da questão jurídica

Veja-se a singularidade em razão da complexidade da causa. Para a Advocacia Geral da União, é praxe realizar a defesa da constitucionalidade de leis quando no âmbito do Supremo Tribunal Federal é proposta uma Ação Direta de Inconstitucionalidade, por força do artigo 8º da Lei Federal 9.868/99[217]. E quanto ao Procurador Jurídico do Município de Serra da Saudade, que, a despeito de sua dedicação e zelo, jamais tivera a oportunidade de avistar-se sequer com um Desembargador do Tribunal de Justiça do Estado de Minas Gerais para a dicussão de uma tese jurídica?

Não se diga que os argumentos aqui esposados são preconceituosos. Não se trata de uma referência às pessoas dos Advogados públicos municipais, mais sim à estrutura dos entes locais, cuja autonomia financeira carece de receita própria suficiente para estruturar carreiras com remuneração compatível com a dignidade da profissão. A isso corresponde, inelimininavelmente, a não ser por raras exceções de servidores que trabalham por altruísmo ou solidariedade, a atração de profissionais menos experientes, que no mercado de trabalho privado não proveriam o seu sustento com patamares remuneratórios muito diferentes. Apesar de este ser um argumento econômico, é da realidade da lei de mercado que a existência de padrões remuneratórios baixos ocasiona contratações de profissionais que emprestam a sua força de trabalho por menor valor.

Disso deriva o fato de que as matérias revestidas de maior complexidade jurídica, e que demandam profissional com

---

217 Lei Federal 9.868/99. Art. 8º. Decorrido o prazo das informações, serão ouvidos, sucessivamente, o Advogado-Geral da União e o Procurador-Geral da República, que deverão manifestar-se, cada qual, no prazo de quinze dias.

comprovadas experiências anteriores na matéria, não seriam tratadas com a devida Eficiência Administrativa, se deixadas a cargo de, ainda que dedicados, profissionais da Advocacia que não tenham a notória especialização para a defesa do interesse público em jogo, que não pode ser menosprezado.

6.2.2. Repercussão econômica ou política da causa ou da decisão administrativa

Em relação ao valor econômico da causa, ou da decisão administrativa sobre a qual se requer uma opinião técnica jurídica por meio de um parecer, novamente se pode ter uma circunstância que torne aquele patrocínio ou parecer singular, e aí residirá a inviabilidade competição, pois, nesta hipótese, a Administração se verá obrigada a escolher o profissional que garanta, com maior excelência possível, o interesse público relevante em tela, e esta avaliação não poderá ser feita por critérios objetivos, haja vista demandar a análise de aspectos subjetivos do executor incompatíveis com o princípio do julgamento objetivo (Lei 8.666/93, art. 3º, *caput*).

A elaboração de anteprojetos de atos normativos de natureza financeira ou tributária, como uma modernização da legislação tributária, a elaboração do plano plurianual ou mesmo a implementação de procedimentos da administração tributária são estudos técnicos especializados cuja repercussão econômica na arrecadação do Município é indiscutível, denotando alto grau de singularidade, especialmente por se tratar do Ente mais vulnerável em termos financeiros.

ADILSON DALLARI acrescenta que também as causas de alta repercussão política, considerado o plano democraticamente eleito pelo corpo social, reclamam o concurso de profissionais em que a direção superior da entidade pública confie, em nome do próprio interesse público[218].

6.2.3. Distanciamento do cotidiano dos serviços jurídicos

A "anomalia" em que devem consistir os serviços jurídicos singulares pode, da mesma forma, decorrer da ausência de periodicidade fixa ou do largo tempo que se espera transcorrer até que o ente público realize novamente estes serviços.

A elaboração das leis dos planos, indicadas por GIOVANI CLARK[219] como alguns dos maiores instrumentos de realização da política urbana a que está obrigada a Administração Local por força do artigo 182 da Constituição da República; a instituição de um sistema de controle interno, também em decorrência da Lei Maior, artigo 74; a realização de uma

---

[218] *In verbis:* "Não se pode esquecer que o trabalho de advogado requer uma elevadíssima dose do elemento confiança. Por isso mesmo, para a solução de problemas usuais e corriqueiros, de defesa de um interesse público claramente afirmado pela lei, não haverá problema algum (muito ao contrário, é altamente conveniente) que isso seja feito por procuradores profissionais, de carreira, imunes a alterações da supra estrutura política. Entretanto, existem assuntos de grande repercussão política, correspondentes a programas ou prioridades determinadas exatamente pela supra estrutura política eleita democraticamente pelo corpo social. Temas desta natureza requerem o concurso, ou de assistentes jurídicos nomeados para cargos de provimento em comissão, ou a contratação temporária de profissionais alheios ao corpo permanente de servidores". Cf. DALLARI, Adilson Abreu. *Contratação de serviços de advocacia pela Administração Pública.* Brasília: Revista de Informação Legislativa do Senado Federal, 1998. P. 50. Disponível em: http://www2.senado.leg.br/bdsf/bitstream/handle/id/416/r140-05.pdf?sequence=4. Acesso em 14:06 de 17/06/2018.

[219] CLARK, Giovani. *O Município em face do Direito Econômico.* Belo Horizonte: Del Rey, 2001.

reforma da estrutura organizacional da administração; a instituição do regime jurídico único, em cumprimento ao *caput* do artigo 39 da Constituição[220]; são todas hipóteses de serviços cuja complexidade nem sempre é a nota distintiva, embora possa estar presente, mas sim a raridade com que se espera que sejam executados estes serviços, bem como o amplo lapso temporal pelo qual espera-se que fluam os efeitos de sua implementação.

Nestas hipóteses, o administrador tanto poderá estar implementando o plano político para o qual fora escolhido pelo corpo social (mediante os planos econômicos), estabelecendo instrumentos normativos a que a Constituição da República atribuiu altíssima relevância (o regime jurídico único de servidores ou o sistema de controle interno) ou cujos desdobramentos financeiros, econômicos ou funcionais (reforma administrativa) podem ser de grande relevância prática.

Em todas estas circunstâncias, é a aptidão dos serviços para produzir resultados importantes para a Administração por longo período de tempo que torna singular o objeto da contratação, e por isso mesmo impede que o administrador escolha objetivamente o profissional para executá-los, sem a avaliação subjetiva da criatividade e capacidade intelectual do profissional, imperceptíveis ao concurso público ou ao procedimento licitatório.

---

220 É tamanha a especificidade dos Municípios, que ainda hoje muitos deles mantém o regime jurídico da Consolidação das Leis do Trabalho, ao qual aderiram notadamente durante o interregno entre a Emenda à Constituição nº 19/1998 e a prolação da medida cautelar na ADI nº 2.135-4, Rel. Min. Cármen Lúcia.

6.2.4. Instância jurisdicional ou administrativa perante a qual tramita o processo

Da mesma forma, a instância perante a qual tramita um processo pode indicar uma circunstância singular. Para os procuradores do Município de Belo Horizonte, muitos dos quais são brilhantes advogados e professores – haja vista o padrão remuneratório da instituição – a litigância perante o Tribunal de Justiça do Estado de Minas Gerais é comum. Os advogados tendem a ter mais contato com as decisões do Tribunal, e acompanhar presencialmente julgamentos com maior frequência, do que um também renomado e altamente qualificado advogado que resida, labore e viva no Município de Poços de Caldas, no sul de Minas Gerais. E não se diga que a presença física e a técnica da abordagem presencial aos magistrados não seja uma atribuição típica do Advogado, pois é o próprio Estatuto da Advocacia que tanto a preconiza, no artigo 7º, VIII[221].

A representação judicial do Município afastado da capital perante a segunda instância não apenas foge ao cotidiano dos advogados públicos da entidades situadas no interior do Estado, porque estes em geral militam na sua comarca, como também deve atrair a preferência da Administração os profissionais que possuam maior experiência e notoriedade perante aquele grau de jurisdição, sob pena de tergiversar na defesa do interesse público.

---

[221] ALBERTO ZACARIAS TORON e ALEXANDRA LEBELSON SZAFIR compentam, com nosso endosso, que esta regra "é da maior importância porque, afora o advogado constituir elemento indispensável à Administração da Justiça, a exposição oral do drama retratado na petição é insubstituível". *Prerrogativas Profissionais do Advogado*. 3ª Edição. Editora Atlas. São Paulo, 2010. P. 121.

6.2.5. Defesa pessoal de agentes públicos

A questão da repercussão na esfera pessoal de responsabilidade do gestor público, como bem destaca ADILSON ABREU DALLARI, também é algo a se levar em consideração, pois "*não se pode pretender que autoridade e administradores descuidem de sua honorabilidade pessoal, a ponto de entregar tais casos aos cuidados de uma espécie de defensor natural*[222]".

Neste caso, a imprescindibilidade da confiança entre o administrador e o advogado é que inviabilizará o certame, porque a singularidade dos serviços reside exatamente em se tratar de um questionamento, administrativo ou judicial, que envolve potencialmente a esfera de responsabilidade do administrador de forma acentuada ou anômola em relação ao dia-a-dia da administração.

Recentemente, encerrou-se a tramitação no Congresso Nacional de importante projeto[223] que após a sanção do Presidente da República foi convertido na Lei Federal 13.655/2018, que já vem sendo referenciada pelos Tribunais, como aliás homenagem muito justa, "Lei Anastasia", em referência ao Autor da proposta legislativa, Senador da República e ex-Governador Mineiro, Antonio Augusto Junho Anastasia[224]. Defendido por grandes nomes do Direito Administrativo brasileiro, o projeto pretendia acrescentar 10 artigos à Lei de Introdução às Normas do Direito Brasileiro (Lei Federal 4.657/1942), dentre os quais a previsão para de

---

222 DALLARI, Adilson Abreu. *Aspectos Jurídicos da Licitação*. São Paulo: Saraiva, 1997. P. 58.

223 Projeto de Lei nº 349/2015 (Senado Federal) ou Projeto de Lei 7448/2017 (Câmara dos Deputados).

224 Cf. AgInt no AREsp 943.769/PB, Rel. Ministro GURGEL DE FARIA, PRIMEIRA TURMA, julgado em 13/11/2018, DJe 18/12/2018.

que *"o agente público que tiver de se defender, em qualquer esfera, por ato ou comportamento praticado no exercício norma de suas competências terá direito ao apoio da entidade, inclusive nas despesas com a defesa"*, dispositivo este que acabou sendo vetado. A dicção do projeto poderia ter restringido à Advocacia Pública a competência para a defesa pessoal dos agentes, mas optou por termos exatamente opostos, referindo-se às despesas da defesa, nitidamente indicando a maior adequação da atuação do profissional privado, o que veio a ser combatido por meio de veto, pelo Presidente[225]. Embora não se possa atribuir normatividade à proposta que acabou sendo vetada, ainda que possa vir a ser derrubado o veto pelo Congresso, trata-se de movimento convergente com o quanto aqui sustentado[226].

---

[225] Eis a dicção da mensagem de veto do Presidente da República ao Congresso Nacional, sob o número 212, de 25 de abril de 2018: *"Os dispositivos criam direito subjetivo para o agente público obter apoio e defesa pela entidade, em qualquer esfera, decorrente de ato ou conduta praticada no exercício regular de suas competências, inclusive nas despesas com a defesa. Tal como se apresenta, fica caracterizada a não exclusividade do órgão de advocacia pública na prestação, podendo impor a cada entidade dispêndio financeiro indevido, sem delimitar hipóteses de ocorrência de tais apoios nem especificar o órgão responsável por esse amparo, o que poderia gerar significativos ônus sobretudo para os entes subnacionais".*

[226] Ver, em sentido diametralmente oposto, e a nosso sentir convergente com a "teoria do defensor natural" criticada por ADILSON DALLARI, o parecer de Sua Excelência o Procurador Geral do Ministério Público de Contas nos autos do incidente de uniformização de jurisprudência nº 804.610, TCE-MG, que, a propósito, acabou não sendo julgado pela Corte de Contas mineira por questões processuais. Em sua opinião técnica, o Ministério Público de Contas sustenta que a defesa pessoal dos agentes é possível, exceto em casos de ilegalidade *prima facie*, mas que deve obrigatoriamente ser realizada pelos Advogados Públicos de carreira. Não podemos

A despeito disso, cada Ente local poderá prever por meio de lei própria esta possibilidade, tal como já fez o Município de Belo Horizonte por meio da Lei municipal nº 11.065/2017[227], que atribuiu à Procuradoria Geral do Município a competência para a representação judicial e administrativa de servidores do Poder Executivo, desde que tenham agido no exercício regular de suas atribuições.

O mesmo ocorre no âmbito da União Federal, com o artigo 22 da Lei Federal 9.028/1995, e no âmbito do Estado de Minas Gerais, por força do artigo 2-A da Lei Complementar

---

com esta opinião concordar, primeiro, porque no âmbito dos Municípios a instituição da carreira da advocacia pública não é obrigada pela Constituição da República. E, segundo, mesmo que seja instituída a procuradoria efetiva, em matéria de proteção de direitos individuais de natureza política, moral ou patrimonial é essencial a confiança recíproca entre o outorgante e o patrono, na esteira do artigo 15 do Código de Ética e Disciplina da OAB. Não se trata de pressupor a deslealdade dos Advogados públicos em relação ao agente que esteja sendo defendido, afinal, tratam-se de profissionais regidos pelo mesmo código de Ética que obriga à defesa integral dos interesses do outorgante. É, em verdade, uma vez concedida pela Lei a prerrogativa de ser defendido à custa do erário, um direito subjetivo do agente público escolher aquele que o defenderá, sob pena de ofensa ao próprio Princípio da Dignidade da Pessoa Humana.

227 Art. 59 – A Procuradoria-Geral do Município – PGM – tem como competência planejar, coordenar, controlar e executar as atividades jurídicas de interesse do Município, notadamente no que se refere às atividades de:

V – representação de servidores públicos do Poder Executivo em ações judiciais e processos administrativos nos quais figurem como parte em razão de atos praticados no exercício regular de cargo ou função, desde que em consonância com as orientações previstas em regulamento;

Estadual n° 83/2005, o qual aliás chegou a ser julgado constitucional pelo Órgão Especial do Egrégio Tribunal de Justiça de Minas Gerais nos autos da ADI n° 1.0000.09.499403-5/000, Rel. Desembargador ALVIM SOARES[228], de maneira compatível com a jurisprudência do Supremo Tribunal Federal, que se colhe da ADI n° 3.022/RS, Relator o Ministro JOAQUIM BARBOSA[229], de cujo acórdão se lê o seguinte trecho do voto do Ministro GILMAR MENDES: *"é extremamente razoável que o Estado proteja, especialmente no contexto pós 1988, em que a judicialização das controvérsias em relação aos Estados e aos seus servidores é a regra, e que o próprio servidor tenha de alguma forma alguma segurança de que poderá contar com a assistência jurídica."*

Nesta hipótese, inexistindo no quadro próprio o profissional apto ao desempenho técnico da defesa pessoal do agente, ou, ainda assim, caso não goze da *confiança do representado*, será inviável a contratação de profissional da advocacia autônomo por meio de critérios objetivos próprios da licitação, o que, contudo, não pode significar autorização para contratações meramente personalistas, isto é, com profissionais sem notória especialização, ou com base em valores de honorários desarrazoados, tendo em vista especialmente o precedente fixado no Inquérito 3074/SC, julgado pelo SUPREMO TRIBUNAL FEDERAL em 2014, aqui já referido, que fez constar a obrigação da prática de valores de mercado.

---

228 TJMG - Ação Direta Inconst 1.0000.09.499403-5/000, Relator(a): Des.(a) Alvim Soares, CORTE SUPERIOR, julgamento em 26/05/2010, publicação da súmula em 03/09/2010.

229 ADI 3022, Relator(a): Min. JOAQUIM BARBOSA, Tribunal Pleno, julgado em 02/08/2004, DJ 04-03-2005 PP-00010 EMENT VOL-02182-02 PP-00189 LEXSTF v. 27, n. 316, 2005, p. 96-115 RDA n. 240, 2005, p. 287-297 RTJ VOL-00193-01 PP-00117

Nesta hipótese, tendo a lei do Ente Federativo autorizado à Procuradoria Jurídica a representação judicial ou administrativa do profissional, será o elemento da confiança, previsto diretamente no código de ética da ORDEM DOS ADVOGADOS DO BRASIL[230], em última análise, que tornará singular os serviços em questão, a autorizar, conforme manifestação do agente, a contratação com fundamento no artigo 25, II, da Lei 8.666/93.

6.2.6. Quantidade exorbitante de processos repetitivos sobre o mesmo tema, que possam levar conjuntamente a relevante repercussão econômica

É comum se referir à natureza singular de causas de vulto econômico é isoladamente estratosférico, mas a singularidade também poderá decorrer da quantidade de ações judiciais repetitivas sobre o mesmo ramo do Direito, e que exatamente em função da repercussão que a defesa da entidade em todas as ações conjuntamente consideradas poderá provocar[231]. A singularidade dos serviços residirá, então, na necessidade de a administração considerar aspectos subjetivos do executor dos serviços jurídicos para o êxito, globalmente considerado, da defesa.

Isso não significa que o fato de serem muitos processos similares, por si, inviabilize a competição. É necessário que, além de estes muitos processos similares possuírem certa relevância, seja econômica ou jurídica, seja imprescindível a

---

230 Art. 16. O mandato judicial ou extrajudicial não se extingue pelo decurso de tempo, desde que permaneça a confiança recíproca entre o outorgante e o seu patrono no interesse da causa.

231 Em sentido convergente: JUSTEN FILHO, Marçal. *Comentários à lei de licitações e contratos administrativos*. 17ª edição. São Paulo: Editora Revista dos Tribunais, 2016. p. 597.

avaliação de aspectos subjetivos do executor para a escolha do profissional. Assim, o clássico exemplo da propositura das ações de execução fiscal, que podem ser necessárias aos milhares, mas que não demandam mais do que uma só página, portanto minimizam o elemento criativo do executor dos serviços, continua pertencendo a uma área de certeza negativa em relação ao tipo (hipótese atípica). Mas se a defesa da entidade perante a justiça do trabalho em centenas de processos que isoladamente possam ser considerados simples, mas cujo conjunto demanda gestão advocatícia de experiência, adotando teses de defesa e um aparelhamento próprio que concilie qualidade e operacionalidade, por vezes demandando, até mesmo, o conhecimento da jurisprudência de cada órgão fracionário da Corte Regional e dos argumentos ali mais aceitos, aí então será inviável promover um certame em que os títulos ou os preços sejam elementos preponderantes na escolha do profissional.

6.2.7. Especificidade da questão jurídica

A especificidade não é sinônima de complexidade, pois denota apenas que se trata de um ramo ou excerto do direito reconhecida ou reconhecivelmente especial, alheio às matérias cotidianamente tratadas no âmbito da procuradoria do Município, e aí reside a inadequação da prestação dos serviços pelos advogados públicos: a ausência de intimidade prática com a matéria. Daí ser desejável a contratação de profissional terceirizado, a qual poderá ser feita diretamente, contanto que o objeto dos serviços seja relevante para o ente a demandar a contratação de profissional sabidamente mais experiente (novamente o concurso da relevância e da necessidade de avaliação de aspectos subjetivos do executor dos serviços, com esforço em BANDEIRA DE MELLO).

A despeito disso, colhe-se da jurisprudência do SUPERIOR TRIBUNAL DE JUSTIÇA entendimento segundo o qual a "recuperação de receitas sonegadas do ISS incidente sobre as operações de Arrendamento Mercantil ou Leasing (fl. 728), são genéricas e não apresentam peculiaridades e/ou complexidades incomuns[232]", o qual a nosso sentir ignora totalmente o princípio federativo na aplicação do discutido preceito, revelando verdadeiro raciocínio da Jurisprudência dos Conceitos tradicional, do século XIX, acima refutada. Este exemplo de objeto contratual pode até não ser complexo, mas indubitavelmente é específico, e bastaria a comprovação da relevância dos serviços para o ente para estar justificada a contratação direta.

Agora, veja-se: para determinado Município, cujos concursos públicos para recrutamento de advogados públicos não exigiam conhecimentos na área do direito do trabalho, vê-se na condição de reclamado em processo judicial que tramita perante a Justiça do Trabalho, em que se discute a configuração de vínculo empregatício e o acontecimento de um acidente de trabalho grave, e cujos pedidos chegam à monta dos milhões de reais, a título de indenização. Não é conveniente que os advogados públicos realizem esta defesa, pois, a princípio, nenhum deles teria a especialização na área do direito do trabalho. Por

---

232 AgRg no REsp 1425230/SC, Rel. Ministro HERMAN BENJAMIN, SEGUNDA TURMA, julgado em 18/02/2016, DJe 30/05/2016. Nem se diga, aliás, do equívoco em se utilizar da Ação Civil Pública por ato de Improbidade Administrativa para discutir a interpretação adequada de termos plurissignificativos, afinal, esta ação somente é cabível quando presente o elemento subjetivo ímprobo, o que, infelizmente, vem sendo confundido com a simples interpretação dos textos normativos. A interpretação adotada pode até ter sido equivocada, mas se ausente o dolo, é impossível falar em improbidade. Este, entretanto, não é o nosso tema neste trabalho.

outro lado, em razão da repercussão econômica da causa para as finanças municipais, é altamente exigível do administrador que escolha profissional de notória experiência anterior, com comprovada habilidade técnica para fazer a melhor defesa possível. Neste caso, a discussão a respeito da configuração do vínculo empregatício, que não é, pois si, considerada complexa pela maioria dos juristas, revestirá o caso de singularidade em razão da especificidade da matéria.

6.2.8. Repercussão jurídica para o Município, notadamente na defesa da constitucionalidade de seus atos

A defesa da constitucionalidade dos atos normativos dos Municípios sempre será um serviço tipicamente singular, em razão da gravidade política e jurídica que representa eventual declaração de inconstitucionalidade. Isso se deve, sobretudo, ao fato de que o controle jurisdicional concentrado ou difuso de constitucionalidade será sempre exercido por poderes constituídos de outras entidades da federação, o Poder Judiciário estadual ou federal. Disso se segue que, se o federalismo é realmente uma forma de distribuição do poder no território para garantir a liberdade e os direitos fundamentais, a capacidade de o ente local fazer valer suas opções políticas, mesmo contrariamente aos entendimentos dos entes de maior dimensão territorial, deve ser sempre potencializada, de modo a defender da melhor maneira possível a autonomia da localidade, historicamente tão minorada, conforme há muito já lecionava VICTOR NUNES LEAL[233].

---

233 LEAL, Victor Nunes, 1914, 1985. *Coronelismo, Enxada e Voto: o município e o regime representativo no Brasil*. 7ª edição. São Paulo: Companhia das Letras, 2012. P. 68 e ss.

Daí se pode dizer que é tal a obrigação da Administração de defender o ato normativo municipal acusado de inconstitucionalidade, que só poderá o administrador deixar de contratar o profissional que entenda mais competente possível para defender o ato, caso demonstre que no âmbito do próprio corpo efetivo exista profissional com indiscutíveis condições de representação do legitimado, sob pena de se adotar um comportamento contrário à forma federativa de Estado, portanto colidente com a *ratio iuris* estabelecida pela Carta de 1988.

6.2.9. Conflitos Inter-federativos

Por razões próximas ao quanto se afirmou no tópico acima, os conflitos inter- federativos, sobretudo de natureza financeira, tendem a reclamar a contratação de serviços jurídicos de natureza singular, pois é este o ambiente em que estarão em conflito as diversas fontes do direito brasileiro infraconstitucional. Para uma limitação recíproca do poder verdadeiramente eficiente e tendente ao equilíbrio, é imprescindível que o Município esteja aparelhado para levar até as instâncias especial e extraordinária conflitos desta natureza que, em última instância, revelam temas que transbordam o interesse das partes litigantes. A Administração municipal que nega o papel que tem na defesa dos interesses da comuna que estejam em conflito com os entes de maior abrangência territorial, ou mesmo com outros Municípios, viola o núcleo da Constituição pois contribui com a concentração do poder, em deterimento dos direitos fundamentais[234].

---

234 A respeito do papel que cumpre o Federalismo na proteção dos Direitos Fundamentais, ver: DERZI, Misabel Abreu Machado; JÚNIOR, Onofre Alves Batista; MOREIRA, André Mendes (Coordenadores). *Estado Federal e Tributação: das origens à crise atual*. Vol.1. Belo Horizonte: Arraes Editores LTDA., 2015.

6.2.10. Potencial de repercussão na esfera de responsabilidade pessoal do administrador em questões jurídicas polêmicas

Ainda na esteira da negação da "teoria do defensor natural", não apenas a defesa pessoal quando do questionamento do ato poderá revestir de singularidade os serviços, mas também a elaboração de um parecer jurídico em caso de tomada de decisão administrativa polêmica no âmbito da qual tenha sobrado dúvida à procuradoria jurídica municipal, em razão de uma pluralidade de posicionamentos divergentes, o que é cada vez mais comum, principalmente no direito público.

É possível que o parecer se refira a uma questão que não é complexa nem específica o bastante para agregar-lhe singularidade, mas a polêmica instalada na jurisprudência ou na doutrina, e os efeitos que possam decorrer desta decisão sobre a esfera pessoal posterior do administrador poderão reclamar a contratação do profissional em que mais se confie. Veja-se que o interesse público, nesta ocasião, tenderá a ser convergente com o interesse particular do administrador, que buscará o aconselhamento técnico para a tomada de decisão correta perante o direito. Nesta hipótese, portanto, a singularidade reside na polêmica técnica existente por detrás da decisão e a relevância dos impactos para a Administração e a pessoa do administrador.

7. CONCLUSÕES

Como visto, a inviabilidade de competição que autoriza a contratação direta do profissional da advocacia, por meio da inexigibilidade de instauração de procedimento licitatório, reside na natureza singular dos serviços objeto da contratação.

Investigando o substrato normativo do termo "natureza singular" dos serviços advocatícios, da forma como o emprega o direito vigente, foi necessário resgatar os preceitos dogmáticos das forças móveis do sistema cunhado por CANARIS e sua relação com o raciocínio tipológico lecionado por MISABEL DERZI. O tanto quanto afirmado linhas atrás presta-se, unicamente, a comprovar a seguinte hipótese dogmática: *os serviços advocatícios singulares para cuja contratação é inviável o certame objetivo constituem um tipo propriamente dito, cuja incidência se dá de modo diverso em cada Ente da Federação.*

No caso dos Municípios, notadamente aqueles de menor porte, em razão de sua minorada autonomia fática, apesar de consagrada no texto constitucional, a singularidade dos serviços advocatícios tende a estar configurada em maior número de hipóteses do que nos entes federativos com melhor aparato técnico, o que se conclui a partir da aplicação do cânone teleológico proposto por LARENZ, em que a justiça e o princípio da igualdade de tratamento compõem necessariamente a *ratio legis*, observada a influência interpretativa do Princípio Federativo e a natureza de norma geral da Lei Federal 8.666/93.

No contexto trabalhado nesta monografia, tendemos a concordar com JOSÉ DOS SANTOS CARVALHO FILHO[235], MARIA FERNANDA PIRES e ADILSON ABREU DALLARI quando afirmam que, como regra, o profissional da Advocacia poderá ser contratado diretamente pelos Municípios.

---

235 CARVALHO FILHO, *op. cit.*, P. 280, nota 122.

8.
REFERÊNCIAS

ALEXY, Robert. *Teoria dos Direitos Fundamentais*. São Paulo: Malheiros, 2008.

ARAÚJO, Florivaldo Dutra. *Discricionariedade e motivação do ato administrativo*. In: LIMA, Sérgio Mourão Corrêa. Temas de Direito Administrativo: estudos em homenagem ao Professor Paulo Neves de Carvalho. Rio de Janeiro: Forense, 2006.

ATIENZA, Manuel. *Las Razones del Derecho*. Cidade Universitária da Universidade do México: Instituto de Investigaciones Jurídicas, 2005.

ÁVILA, Humberto. *Teoria dos Princípios: da definição à aplicação dos Princípios Jurídicos*. São Paulo: Malheiros, 2013.

BANDEIRA DE MELLO, Celso Antônio. *Curso de Direito Administrativo*. 30ª edição. São Paulo: Malheiros, 2012.

BARACHO, José Alfredo de Oliveira. *Teoria Geral do Federalismo*. Rio de Janeiro: Forense, 1986.

BARROSO, Luís Roberto. *O novo direito constitucional brasileiro: contribuições para a construção teórica e prática da jurisdição constitucional no Brasil*. Belo Horizonte, Fórum, 2012.

BATISTA JÚNIOR, Onofre Alves. *Princípio Constitucional da Eficiência Administrativa*. Belo Horizonte: Fórum, 2012.

BATISTA JÚNIOR, Onofre Alves; OLIVEIRA, Ludmila Mara Monteiro; MAGALHÃES, Tarcísio Diniz. *Que Pacto Federativo? Em busca de uma teoria normativa adequada ao federalismo Fiscal Brasileiro*. In: DERZI, Misabel Abreu Machado; JÚNIOR, Onofre Alves Batista; MOREIRA, André Mendes (Coordenadores). Estado Federal e Tributação: das origens à crise atual. Vol.1. Belo Horizonte: Arraes Editores LTDA., 2015.

BOBBIO, Norberto. *Teoria do Ordenamento Jurídico*. São Paulo: EDIPRO, 2ª edição, 2014.

BUSTAMANTE, Thomas da Rosa. *Teoria do Direito e Decisão Racional – Temas de Teoria da Argumentação Jurídica*. Rio de Janeiro: Renovar, 2008.

CANARIS, Claus-Wilhelm. *Pensamento sistemático e conceito de sistema na Ciência do Direito*. Lisboa: Fundação Calouste Gulbekian, 1996.

GAMERO CASADO, Eduardo; FERNÁNDEZ RAMOS, Severiano. *Manual Básico de Derecho* Administrativo. 11ª edição. Madrid: Tecnos, 2014.

CARVALHO FILHO, José dos Santos. *Manual de Direito Administrativo*. 28ª edição. São Paulo: Atlas, 2015.

CLARK, Giovani. *O Município em face do Direito Econômico*. Belo Horizonte: Del Rey, 2001.

COÊLHO, Sacha Calmon Navarro. *Evasão e Elisão Fiscal. O parágrafo único do art. 116, CTN e o Direito comparado*. Rio de Janeiro: Forense, 2006.

CRETELLA JÚNIOR, José. *Das licitações públicas: (comentários à Lei Federal nº 8.666, de 21 de junho de 1993)*. Rio de Janeiro: Forense, 2006.

DALLARI, Adilson Abreu. *Aspectos Jurídicos da Licitação*. São Paulo: Saraiva, 1997.

DALLARI, Adilson Abreu. *Contratação de serviços de advocacia pela Administração Pública*. Brasília: Revista de Informação Legislativa do Senado Federal, 1998. P. 50. Disponível em: http://www2.senado.leg.br/bdsf/bitstream/handle/id/416/r140-05.pdf?sequence=4. Acesso em 14:06 de 17/06/2018.

DALLARI, Dalmo de Abreu. *Elementos de teoria geral do Estado*. 23ª edição. São Paulo: saraiva, 2002.

DERZI, Misabel Abreu Machado. *Modificações da jurisprudência: proteção da confiança, boa-fé objetiva e irretroatividade como limitações constitucionais ao poder judicial de tributar*. São Paulo: Noeses, 2009.

DERZI, Misabel de Abreu Machado. *Direito Tributário, Direito Penal e Tipo*. São Paulo: Editora Revista dos Tribunais, 1988.

DERZI, Misabel Abreu Machado; BUSTAMANTE, Thomas da Rosa. *O princípio Federativo e a Igualdade: uma perspectiva crítica para o sistema jurídico brasileiro a partir da análise do Modelo Alemão.* In: DERZI, Misabel Abreu Machado; JÚNIOR, Onofre Alves Batista; MOREIRA, André Mendes (Coordenadores). Estado Federal e Guerra fiscal no Direito Comparado. Vol.2. Belo Horizonte: Arraes Editores LTDA., 2015.

DI PIETRO, Maria Sylvia Zanella. *Direito administrativo.* 25ª edição. São Paulo: Atlas, 2012.

DWORKIN, Ronald. *Justice for Herdgehogs.* London: Harvard University Press, 2011.

FERNANDES, Bernardo Gonçalves. *Curso de Direito Constitucional.* Salvador: JusPODIVM, 2017.

FERNANDES, Jorge Ulisses Jacoby. *Vade-mécum de licitações e contratos: Legislação selecionada e organizada como jurisprudência, notas e índices.* 3ª edição. Belo Horizonte: Fórum, 2009.

GARCÍA DE ENTERRÍA, Eduardo; FERNANDES, Tomás-Rámon. Potestades regradas e potestades discricionais. In:————. *Curso de Direito Administrativo.* São Paulo: Revista dos Tribunais, 1991,

GRAU, Eros Roberto. *Por que tenho medo dos juízes (a interpretação/ aplicação do direito e os princípios).* São Paulo: Malheiros Editores LTDA., 2017.

HELY LOPES MEIRELLES, em suas notas introdutórias a respeito do método de interpretação do Direito Administrativo. In: *Direito Administrativo brasileiro.* São Paulo: Malheiros, 2001.

JUSTEN FILHO, Marçal. *Curso de Direito Administrativo.* 9ª edição. São Paulo: Revista dos Tribunais, 2013.

JUSTEN FILHO, Marçal. *Comentários à lei de licitações e contratos administrativos.* 17ª edição. São Paulo: Editora Revista dos Tribunais, 2016.

KELSEN, Hans. *Teoria Geral do Direito e do Estado.* São Paulo: Martins Fontes, 1998.

LARENZ, Karl. *Metodologia da Ciência do Direito.* 3ª edição portuguesa. Tradução da 6ª edição alemã. Lisboa: Fundação Calouste Gulbenkian, 1997.

LARENZ, Karl. *Metodología de la ciência del Derecho*. Barcelona: Editorial Ariel, 1980.

LAUBADÈRE, André de; VENEZIA, Jean-Claude; GAUDEMET, Yves. *Traité de Droit Administratif*. 13ª edição. Paris: Librairie générale de droit et de jurisprudence, 1994.

LEAL, Victor Nunes, 1914, 1985. *Coronelismo, Enxada e Voto: o município e o regime representativo no Brasil*. 7ª edição. São Paulo: Companhia das Letras, 2012.

LEENEN, Detlev. *Typus und Rechtsfindung*. Berlim: Dunker e Humblot, 1971, p. 53-54. *Apud*: MOREIRA, André Mendes; RIBEIRO, Jamir Calili. *Metodologia do Direito Tributário e o modo de raciocinar por tipos e por conceitos*. In: COÊLHO, Sacha Calmon Navarro (Coord.). Segurança Jurídica: irretroatividade das decisões judiciais prejudiciais aos contribuintes. Rio de Janeiro: Forense, 2013.

LUHMANN, Niklas. *Confianza*. Barcelona: Anthropos Editorial, 2005.

MEIRELLES, Hely Lopes. *Direito administrativo brasileiro*. São Paulo: Malheiros, 2001.

MAXIMILIANO, Carlos. *Hermenêutica e aplicação do Direito*. 20ª edição. Rio de Janeiro: Forense, 2011.

MEDAUAR, Odete. *Direito administrativo moderno*. 2ª edição. São Paulo: Revista dos Tribunais, 1998.

MOREIRA, André Mendes; RIBEIRO, Jamir Calili. *Metodologia do Direito Tributário e o modo de raciocinar por tipos e por conceitos*. In: COÊLHO, Sacha Calmon Navarro (Coord.). Segurança Jurídica: irretroatividade das decisões judiciais prejudiciais aos contribuintes. Rio de Janeiro: Forense, 2013.

MOTTA, Carlos Pinto Coelho. *Eficácia nas Licitações e Contratos*. Belo Horizonte: Del Rey, 2008.

NEVES, Marcelo. *Entre Têmis e Leviatã: uma relação difícil*. 1ª edição no Brasil. São Paulo: Martins Fontes, 2006. *Apud*: DERZI, Misabel Abreu Machado. *Modificações da jurisprudência: proteção da confiança, boa-fé objetiva e irretroatividade como limitações constitucionais ao poder judicial de tributar*. São Paulo: Noeses, 2009. P. 27.

OLIVEIRA, Regis Fernandes de. *Ato administrativo*. 5ª edição. São Paulo: Revista dos Tribunais, 2007. P. 99. PEREIRA, Flávio Henrique Unes. (Coordenação). *Segurança jurídica e qualidade das decisões públicas – desafios de uma sociedade democrática*. Brasília: Senado Federal, 2015.

RAZ, Joseph. *Between Authority and Interpretation – On the Theory os Law and Pratical Reason*. Oxford: Oxford University Press, 2009.

SARLET, Ingo Wolfgang. *Curso de Direito Constitucional*. São Paulo: Saraiva, 2017.

SOUSA, Marcelo Rebelo de; MATOS, André Salgado de. *Direito administrativo geral: introdução e princípios fundamentais*. Lisboa: Dom Quixote, 2004.

SOUZA, Adrianna Belli Pereira de; COSTA, Reinaldo Belli de Souza Alves. *Contratação direta de serviços jurídicos em sede de inexigibilidade de licitação no âmbito da administração pública municipal*. Apresentado publicamente perante o X Congresso Mineiro de Direito Administrativo, em Belo Horizonte, maio de 2017. No prelo.

STASSINOPOULOS, Michel. *Traité des actes administratifs*. Paris: Librairie générale de droit et de jurisprudence, 1973. P. 151. *Apud*: OLIVEIRA, Regis Fernandes de. Ato administrativo. 5ª edição. São Paulo: Revista dos Tribunais, 2007.

TOLOSA FILHO, Benedicto de. *Contratando sem licitação: comentários teóricos e práticos de acordo com a Lei nº 8.666/93*. Rio de Janeiro: Forense, 1998.

TORON, Alberto Zacharias, e SZAFIR, Alexandra Lebelson. *Prerrogativas Profissionais do Advogado*. 3ª Edição. Editora Atlas. São Paulo, 2010.

TORRES, Ricardo Lobo. *Curso de Direito Financeiro e Tributário*. 19ª edição Rio de Janeiro: Renovar, 2013

VILANOVA, Lourival. *Lógica Jurídica*. São Paulo: José Bushatsky, 1976.